持っている人

持っている人　目次

秘密の部屋

昔から音楽が好きだった。父は長崎県の五島列島という島の出身で、父方の祖父母がそこに住んでいたため、毎年夏はフェリーで4時間かけて五島に行った。島では毎日宴会のようなものがあり、僕は幼稚園児の時から美空ひばりさんの歌をよく島の人たちに歌わされていた。

僕の歌は評判で、島のおじさんたちは「健太（僕の本名）はプロの歌手になるばい」と冗談混じりに言っていた。それがきっかけで音楽に興味が出た僕は、小学2年生の頃から父と一緒にCDレンタルショップに行き、その週のシングルランキングのベスト10を10枚、ほぼ毎週欠かさず借りていた。借りたCDは、まとめて父にCD-Rに焼いてもらい、好きな漫画のキャラクターと曲目をプリンターで表面に印刷し、自分だけの1枚を作ってもらっていた。サッカー部に入る前まではクラスの友達からJ-POP音楽博士として信頼されていて、よくCDをみんなに貸していた。音楽への探究心は次第にベスト10以外の音楽にも向かっていき、小学生ながら日本のポップミュージックには詳しい方だった。当時毎週水曜日にテレビでやっていた昭和の音楽ランキングと平成の音楽ランキングが同時に見られる番組が好きで、五島で歌っていた美空ひばりさんの曲が流れるとテレビに釘付けになった。

毎週一緒にレンタルショップに通っていた父もJ-POPに詳しくなっていき、車の中で一緒に音楽を聴く時間が大好きだった。一方で母はクラシックやオペラばかり聴いていた。学校が終わって家に帰ると、クラシックの荘厳な音が家中に響いているのが日常だった。J-POPにはない格調高さが苦手で、音楽の授業を思い出すという理由も加わり、僕はクラシックやオペラが嫌いになった。母に連れて行かれたクラシックのコンサートも嫌でしょうがなかった。サッカー部に入ってからの僕は特に、クラシックの独特な暗さに引きずられてしまい、家に帰って母が音楽を聴いているとCDコンポの停止ボタンを勝手に押す、という早めの反抗期に突入していた。そしてスピッツの曲が入ったCDに変える。「冷たい頬」の〝逆上がりの 世界を見ていた〟という歌詞はその時の僕そのものだった。今思えば音楽の好みが明確に形成されたのもこの頃だ。サッカーを始めてから小さなイジメが始まり、それが原因で下り始めた人生に唯一抗える存在が音楽だった。

これからの人生、音楽が自分の武器になる。幼いながら、何となくそう思っていた。楽器も弾いたことがないのに、頭の中には未知の音符が常に並んでいた。中学に入ると、鼻歌で自分のメロディを作るようになった。毎日自分だけの新しい音符を次々に生み出し、両親にも兄弟にも友達にも言わず、心に秘密の部屋を作った。作曲なんて大それたものではないが、僕しか知らないメロディが増えるたび、自分は天才なんじゃないかと思った。たまに既存のヒット曲と同じメロディだと気付いた時、自分には才能がないかもしれないと打ちひしがれた。

何年も何年もそれを繰り返す内に、秘密の部屋はたくさんのメロディで埋まり、いつしか言葉も収納するようになった。それは人に言えない言葉だ。家族にも恋人にも友達にも誰にも言えない、言葉として機能しない絶対に発せられることがないもの。誰にだってあるはずの墓場まで持っていく言葉。僕は成長するに従い、その黒々とした言ってはいけない感情を部屋の中に溜めていった。溜まれば溜まるほど気分は落ちていった。ちょうどフリーターをやっていた頃だ。溜まり切ったその黒い何かを吐き出したくなった。東京に来て、電車の中や駅で叫んでいる人を見るたびに、白い目で見ていた僕が、今やそっち側になろうとしている。人間は自分の枠から外れたものを理解しようとはしない。でも枠は流動的で、外れていたはずのところがいつの間にか自分の枠の中に入ってしまっていることがよくある。僕には勇気がなく、電車で叫ぶことはなかったが、家で静かにテレビを投げた。あの頃はどうかしていたのかもしれない。でもそれがきっかけで、秘密の部屋から言葉を取り出して歌詞にした初めての曲を作った。indigo la Endの「幸せな街路樹」という曲だ。

〝奪い合う醜い僕らも与えられていて与えてもいて 失った代償は溢れすぎてるから まだ払えるよ〟

部屋から取り出したぐちゃぐちゃな言葉だ。

でも、曲にしてみて、それを歌ってみてわかったことがある。それは気持ちが楽になる、ということだ。言葉にはできないけど、歌詞にはできる。メロディに乗ることで黒々とした何かが美しくなる。誰にも言えなかったことが、歌では言えてしまう。この一種の中毒性が僕を音楽の道に留まらせたと言っても過言ではない。音楽という武器で自分の心の病を撃退しながら生きていける。大発見だった。幼いながらに思ったあの〝これからの人生、音楽が自分の武器になる〟という思いは実現した。音楽を作りながらセルフメンタルクリーニングをし、完成した美しい旋律がまた誰かの大切な何かになる。

美空ひばりさんから始まった僕の音楽は、今たくさんの人に聴いてもらえている。五島列島で島のおじさんおばさんたちに歌っていた僕も、もうすぐ横浜アリーナでライブをします。五島のじいちゃんばあちゃんにも見せたかったな。ライブ終わったら墓参りに行こう。

今日も僕の秘密の部屋には、たくさんの言葉とメロディが複雑に並んでいる。さあ、どれを取り出して歌おうか。

ペリッパー

僕が幼稚園入園を間近に控えた頃、父の転勤で長崎県の佐世保市という場所に引っ越した。新しい家の左前には急斜面のけもの道が聳《そび》え立っていた。いつも薄暗く、夜は懐中電灯がないと何も見えなかった。けもの道の入り口は階段になっている。6段ほど登ったら舗装されていないけもの道になっていた。そこをぐるぐると回りながら上へ上へと登っていき、それを抜けた先に家族の車が停まっている駐車場があった。

車を使う場合どこに出かけるにもけもの道を通らざるを得ず、結果的に僕の体力と脚力は飛躍的に伸びた。たまに出る蛇に怯えたり、1度だけスズメバチに刺されたりもした。2度刺されると死んでしまうらしいという話を聞いた時は少し泣いた。でも僕はそんなけもの道が好きだった。自分だけがこの危険な場所で修業しているような感覚はヒーロー漫画の主人公になった気がして心地良かった。母は蛇が大の苦手で、どうしても車に乗らなければならない時以外はけもの道を通ろうとしなかった。だから幼稚園の入園日も僕と母はけもの道を通らず、家の右前にあるコンクリートの道を歩いて少し遠回りしながら向かった。そして僕を幼稚園に送り届けた母が帰ろうとした時、僕は寂しくて泣き叫んだ。息を吸ってるのか吐いてるのかわからないくらい混乱していた。帰る母の背中に手を伸ばした僕の視界には、初めて見たけもの道の薄暗さを遥かに超える漆黒の世界が広がっていた。

しかしそんな闇も長続きはせず、いつの間にか幼稚園では友達ができていたし、園内にあるスポーツクラブにも入会していた。クラブではマット運動や跳び箱に熱中した。特に跳び箱は得意で、あっという間に6段を跳んでいた。結局小学生になってもクラブに通い、小学3年生になるまで続けた。気付けばけもの道トレーニングとスポーツクラブの掛け合わせによって、僕はスポーツ大好き少年になっていた。小学4年の時には兄が家で読んでいたサッカー漫画にハマり、5年生になると小学校にあるサッカー部に入部した。しかしそれまで明るかったスポーツ少年の僕が、明確に暗さを帯び始めたのもこの頃だ。早ければ1年生、遅くとも3年生からサッカーを始めている子が多い中、5年生から始めた僕はかなり遅れを取っていた。その劣等感となかなか差が縮まらない焦燥感がごちゃごちゃに煮詰められた結果、僕は内気な少年へと変わっていった。それからまず始まったのはサッカー部内での軽いイジメだった。練習中にずっと罵倒されたり、遠くでみんなに笑われながらひとりで昼の弁当を食べたり、挙げていけばキリがないが、とにかく僕は孤独になった。クラスにも居場所がなく、毎日ストレス性の腹痛に耐えながら過ごしていた。幼稚園の入園時に見た漆黒の世界は偽りではなく、いつの間にかその中に僕は存在していた。深海魚さえいない海の底で、もがくことすらできない僕は、絶望的な暗闇の中に溶けてしまっていた。かつてけもの道を勇敢に駆け上がっていたヒーロー漫画の主人公はもうそこにはいなかった。

それから中学校に上がっても同じ小学校の生徒だらけで、中学デビューはできなかった。おまけに〝忌々しい〟サッカー部の監督の息子も同じ中学で、監督ごと中学に上がってきた。サッカーは懲り懲りだったのに、逃げたと思われたくなくて、中学になってもサッカー部に入った。練習のキツさは小学校の時の比ではなかった。コートも広くなり、ボールも4号球から5号球になった。そして先輩や同級生の部員からの嫌がらせ、特に僕の容姿へのイジりが増えていた。小学校の時から痩せ型ではあったが中学に入って身長が伸びたこともあり、ガリガリ感が増していた。細い腕と脚を笑われることが増え、その頃から自分の身体が恥ずかしいと思うようになった。私服で半袖を着ることはなくなり、半袖半ズボンを着用しないといけない体育の時間は特に苦痛だった。常に自分を見て誰かが笑っているような気がして、他人の目を見られなくなった。中学に入ってから、できないことばかりが増えていた。そんな中学1年の冬、父の転勤が決まった。僕は歓喜した。誰も救うことができないはずの海の底に突然現れた父が海水を全て吸い込んでしまい、かつて底だった場所が眩しい光に包まれていくような、そんな非現実的な瞬間だった。これで僕は変われる。そう思ったのをはっきりと覚えている。実際にこの後、僕の人生は大きく変わっていく。

僕ら家族は佐世保市から長崎市に引っ越した。偶然新しい中学にはサッカー部がなかったので（煙草と酒のせいで廃部になったらしい）、やっと僕は憧れの帰宅部フリーダムライフを手に入れた。これからは人との関わり合いを最低限にして生きていこう。そう誓った。

しかし、そんな僕に転機が訪れる。中学2年の冬、ゲームボーイアドバンス用のソフトとしてポケモンの新作が発売された。かつて川谷家にはゲームを買わないというルールがあり、兄も姉もゲームを買ってもらえなかった。それなのに何故か末っ子の僕だけ小学生の時に急にゲームボーイをプレゼントされ、そのまま順調にゲーマーになり、ポケモンの新作も当たり前に手に入れていた。僕は勉強ができる方だったが、授業に対して決して真面目ではなかったので、黒板をノートに書き写しながらも器用に教科書を盾にしてポケモンに熱中していた。発売から3日ほど経った頃にはストーリーをクリアしてしまい、ペリッパーというポケモンのレベル上げに勤しんでいた。3時間目終わりの休み時間、ペリッパーがレベル75に達した時、柔道部のスクールカースト最上位のヤンキー尾崎が後ろから僕のゲーム画面を覗き込んできた。

「ポケモンしよるん？　むっちゃ進んどるやん」

僕は突然のことに驚いて、声にならない声を出した。頭のてっぺんが急に口に変わり、そこから天井に向かって発せられたような自分のコントロールが効かない音だった。

「俺も買ったと。教えてや」

天井から跳ね返ってきた自分の声を認識するまでに時間がかかった僕は頷くのが精一杯だった。

「じゃあ決まりやな」

尾崎は僕の肩を強く摑みながら言った。

こうして僕はその日からポケモンが一番進んでいるという称号を手にし、クラスの最上位グループに属することになった。慣れるまでに時間はかからなかった。ズボンは腰履きになり、校則違反であるくるぶしソックスを履いて、通学カバンも流行のブランド物に変わった。それでもヤンキーにはならず、みんなに合わせながら嫌われないように振る舞った。テストの順位も学年トップ10内をキープしたまま、誰にもイジメられず、ヤンキー友達と上手く付き合いながら中学を卒業し、県内随一の進学校である長崎東高等学校に入学した。

この頃から眼鏡をコンタクトに変え、度数が強過ぎて小さくなっていた目も通常の大きさに変わった。見た目は地味ではあったが、小綺麗さはある高校生だった。一番の趣味は相変わらずゲームだったが、中学時代聴く時間が少しずつ減っていた音楽にも再度興味が向いていた。当時〝イケてる〟グループの男子はほぼ全員青春パンクを聴いていたので、例に漏れず僕も同じ音楽をMDに入れて持ち歩いていた。ただ、僕は底抜けに明るいサウンドがあまり好きになれず、BUMP OF CHICKENやRADWIMPSの音楽に傾倒した。どこか切なさがあって洒落た音楽が好きだった僕はフジファブリックにも熱中し、パンクブームだった学校で音楽の話ができる友達はいなかった。高校2年の冬、フジファブリックの『FAB FOX』というアルバムが発売された。「虹」という曲の〝言わなくてもいいことを言いたい〟というフレーズを歌詞カードで見た時、内面から湧き上がる何かがあったのを覚えている。中2以降は周りに合わせることが当たり前になっていて、自分の中にある言葉の存在をずっと無視していた。僕には吐き出したい熱がたくさん眠っていたんだと、その事実に我ながら衝撃を受けた。楽器も弾いたことがない僕が漠然とバンドをやりたいと思った瞬間だった。趣味だったゲームをぱったりと止め、放課後にライブハウスのメンバー募集貼り紙を見に行ったりした。しかし楽器未経験のボーカル志望の僕にはメールを送る自信などなかった。基本的にギターかキーボードが弾けるボーカル募集が多く、それよりも遥かに多いのがドラムとベースの募集だった。まずは楽器を弾けるようにならなくてはスタートラインにすら立てない。その現実を突きつけられた僕が最初に思ったのは東京に行かなければならないということだった。

長崎にいても自分は輝かない。こんなに吐き出しきれない熱を持っているのだから、環境が整えば必要とされるはず。その良い環境は東京にあるに違いないと思っていた。傍から見れば根拠のない自信も当時の僕には明確な形をして目の前に見えていた。親の負担を考え、東京の国立大学に照準を絞り、受験勉強に打ち込んだ。高校では理系クラスに通っていたので、自然と化学系の大学を選び、現役で合格した。僕にとっては大学合格イコール〝バンドマンドリーム〟への第一歩だった。

こうして東京に行った僕は休日課長に出会い、.ｉｎｄｉｇｏ ｌａ Ｅｎｄやゲスの極み乙女が生まれた。ヤンキーの尾崎と仲良くなっていなかったら、人と関わらず、またイジメられたりもしていただろう。少しのズレが人生の軌道を変える。勉強よりポケモンを優先したことで今があるのだ（極論）。尾崎は看護師になったと風の噂で聞いたが、元気にしているだろうか。まあ、あいつは多分元気か。

たまにはこんな感じの真面目な文章も書いておかなきゃ。人間ドック終わりにビールを飲んでいる罪悪感を消すためにも、ね。

止まったボール

学生時代、僕はサッカーをやっていた。とはいえ、小学5年から中1までの3年間と高校1年の時の1年間というなんとも絶妙な計4年間である。何故そうなったかだが、中2で転校した先にサッカー部がなかったことと、高1の最後に肺気胸を患ったことが原因だ。僕はサッカーは好きだが、部活ほど頑張りたくはない。だから、転校先にサッカー部がなくてほっとしたし、肺気胸になった時も解放感の方が強かった。さて、ここまで読んだ方は何故僕が高校でサッカー部に入り直したのか気になるところだろう。それは高校入学時のクラスの担任がサッカー部の顧問であり、自己紹介でサッカー経験があるという話をしてしまったことにより、半ば強制的に入部させられることになったからだ。

　サッカー部に入って特に嫌だったのはランニングだ。僕の地元は長崎で、坂や階段がとにかく多い。部活のウォーミングアップは必ずランニングで、地獄の坂と階段登りから始まる。これがとにかくキツかった。サッカーをやる前に体力が0.1くらいになる。休憩時間もまともに与えられず、シームレスにサッカーの練習に移る。ボス戦の前に雑魚キャラを相手にし過ぎてHPが瀕死寸前になり、いざ回復アイテムを使おうと思ったらこのダンジョンでは回復動作が禁じられており、そのままボス戦に突入しないといけないクソゲーに近い（そんなゲームはやったことがないが）。

　部活で毎日疲れていた。授業中は眠気に勝てず、胃腸も弱く毎日お腹を下していた僕は、脳のスイッチを断続的に切られながら、腹痛スイッチは常にONという地獄の状態を保っていた。キャラが、押したボタンとは違う方向に勝手に動き出し、毒状態になる沼に入り、HPを減らしていくようだった（コントローラーが壊れていると本当になるけど）。肺気胸という病気にはなったが、それを理由にサッカー部を辞められて当時の僕は心底嬉しかった。それから大学に入ってフットサル部の見学に行ったりしたこともあったが、軽音部の方に興味が向き、そのまま音楽に傾倒し、しばらくサッカーをやる機会はなかった。

しかしその瞬間は突然訪れる。ゲスの極み乙女というバンドでデビューし、その年にミスチルの桜井さんとGAKU-MCさんのユニット「ウカスカジー」とのツーマンイベントが豊洲PITで開催された。イベントは大盛況で幕を閉じ、打ち上げでは生の桜井さんと話ができて夢のようだった。アットホームな雰囲気で、スタッフさんの子供なんかも来ていて、サッカーコートが隣接された打ち上げ会場だったこともあり、子供たちがサッカーボールを蹴っていた。するとボールが僕の足元に転がってきて、反射的に片足でリフティングをした。僕は右足の片足リフティングが得意で、両足でやるより上手く見えることからサッカー部にいた時はこればかり練習していた。子供たちからも羨望の眼差しを向けられているのがわかった。僕は気持ちよくなって、リフティングを続けていたが、その時だ。

「サ、サッカーができるのかい⁉」

後ろにいた桜井さんがライブの時のような声量で僕に話しかけた。声は背中に突き刺さり、全身の筋肉の活動を停止させた。気付いたらボールは子供たちのところに転がっていた。

「僕たちのフットサルチームにおいでよ‼」

いつの間にか目の前に現れた桜井さんは、ライブで「.innocent world」のサビをお客さんに歌わせる時のような突き抜けた明るい表情だった。思わずサビを歌いそうになったが、「行きます！　是非！」と即答していた。声は前からも後ろからも突き刺さり、過度な桜井さんを浴びた僕の身体は、ゲームでいえば状態異常〝ミスチル〟だった。僕は今、神ゲーをプレイしている。

ふわふわしたまま家に帰り、桜井さんに誘われた事実を実感したのは次の日の朝だった。数日後にあるフットサルの練習に誘われていたので、急いで練習着や靴を買い揃えた。サッカーをやらなくなってから7年が経っていた。

練習当日、当時家が近かったGAKU-MCさんに車で練習場所まで送ってもらった。ガクさんもフットサルのメンバーだった。屋内にある巨大なフットサルコートに着くと、桜井さんとガクさんが僕をみんなに紹介してくれた。20人くらいのメンバーの中には有名な男性アイドルやミュージシャンが多数いて、その面々が一斉に僕を見ていた。

「小中高でサッカーやってました……。よ、よろしくお願いします……！」

ライブの時のMCの10分の1くらいの声量だった。そしてサッカー歴は少し嘘をついた。

まずはチーム分けをすることになった。みんなで円になり、知らないお兄さんが急に大声を出した。

「トオシバンゴウ‼」

体育の授業で集団行動の時にやるやつだ。10年ぶりくらいに聞いた言葉のはずなのに、僕の身体は驚くほど従順に動いた。

「13‼」

右を向き、自分の数字を叫ぶ。ライブのMCの10倍くらいの声量だったかもしれない。同時に今から僕がやるのは趣味のフットサルというレベルではないことを悟った。

「それではチーム分け！　4のバンゴウ‼」

通し番号が終わると、また声がでかいおじさんが叫んだ。1から4の数字を順に言っていき、チームを4つに分ける。僕は13なので叫ばなくともチーム1なのだが、一応さっきと同じ声量で「1！」と叫んだ。かつて大好きだったミュージシャンFさんと同じチームになった。大学の時にコピーバンドまでやったバンドのボーカルと一緒にサッカーをする。夢みたいな話だった。

「まずはチーム1と2の試合！」

とまた知らないおじさんが叫ぶ。僕は7年ぶりのピッチに立った。試合は20分、短いのか長いのかもわからない絶妙な時間。フットサルはサッカーとは違い、時間も短ければ人数も少ない。1チーム5人で、うち1人はキーパーである。コートは小さいが、それ故に常にボールが行き交うため1人あたりの運動量も多い。僕は開始5分で虫の息になっていた。すでにもう30分走り続けているような気分だった。肺に空気が入らない。サッカーボールはスローに動いている、いや止まっているように見える。天才が言う〝ボールが止まって見えた〟ではない。走馬灯のように自分の人生が早回しで流れる中、どの年代の自分も何故かサッカーボールを持っているという不気味な映像が頭を支配していた。

7年間ろくに運動をしなかったツケが今、回ってきている。僕はミスを連発した。足は思うように動かず、パスミス、シュートミス、クリアミス、全てのミスをパーフェクトにこなした。後半はほとんど記憶がない。気付いたら終了の笛が鳴っていた。呼吸が速過ぎて心臓の揺れがダイレクトに伝わってくる。動くことも話すこともできず、コートの外に倒れ込んだ。本当にサッカー経験者か?という強い視線を周りから感じる。特にFさんからの冷たい視線は痛かった。もうチームに迷惑はかけられない。次の試合の20分の間に回復せねば……。そう思った時、知らないおじさんが叫んだ。

「次の試合はチーム1と3!!」

え?　1と3?　3と4じゃなくて?　ちょっとおかしくない?　また1?　む、無理なんですけどー!　クイズ番組の引っ掛け問題みたいなやついらないんですけどー!　心の中のギャルが叫び出す。しかしその声も虚しく、試合開始の笛は鳴った。使いものにならない僕はただいるだけの棒切れだった。始まって3分くらい経った時、Fさんが僕に叫んだ。

「もういい！　お前はキーパーやれ！」

フットサルをやったことがない人にはわかりづらいだろうが、フットサルのキーパーは地獄だ。至近距離でシュートが飛んでくるし、ゴールが小さいので高確率でボールが身体にぶつかる。顔に飛んでくることもよくある。ゴールを守るより自分の顔を守ることに注意を払わなければならない（僕が思っているだけです）。個人的な感覚としてはフットサルのキーパーは罰ゲームに近かった（僕が思っているだけです）。

シュートが来るたび目を瞑り、顔を隠す僕にチームメンバーは苛立っているように見えた。もうフラフラだった僕は小声で「すみません……すみません……」と言いながら顔の前で手をクロスさせていた。試合の結果も覚えていないが、多分ボロ負けしたと思う。桜井さんはサッカーも上手く、体力も無尽蔵だった。試合中、誰に対しても優しく、帰る時もとびきりの笑顔だった。

僕はこの日を境にフットサルには行かなくなり（申し訳なくて）、Ｆさんの曲を聴くと止まったボールが瞼の裏に現れるようになった。いつかＦさんに会ったら謝りたいと思いながら音楽活動をしている。また何処かで会えるといいな、イノセントワールド。

3匹の小鬼

僕は高校生まで長崎で過ごし、大学進学のため上京した。東京に行きたいからという理由で東京農工大学という大学に決めたのだが、親の負担を考えると国立大学という選択肢しかなかったので、ほとんど悩むことはなかった。滑り止めも受けるつもりがなかったので、受験は実質一本勝負だった。

大学入試センター試験（今は大学入学共通テストでしたっけ？　いまだにしっくりこないんだよな）が終わり、自己採点の結果、合格に十分な点数だったので、約1ヶ月後にある2次試験に向けて本格的に勉強を始めた。赤本と呼ばれる過去問集の過去5年分をしっかりとさらい、傾向と対策はバッチリだった。それでも試験は1回きりの勝負だ。何が起こるかわからない。そのプレッシャーからか、胃腸は常に壊れていた。小さい鬼が棍棒で胃や腸の壁を叩いて回っている様子を何度も想像した。何を食べてもお腹が痛くなる。試験中、お腹が痛くならないためにも、朝食を抜くのは必須だと思った。

また、〝落ちる〟という言葉に敏感になり、同級生に「落《おち》」という漢字1文字の苗字の男子がいたが、できるだけ会話をしないようにしていた。授業中にシャーペンや消しゴムを〝落〟とした生徒のこともできるだけ避けた。元々繊細だった僕がもっと繊細になっていく。当時の僕が陶芸をやったら丸3日はろくろを回していたかもしれない。

試験前日、母親と一緒に東京に向かった。肺気胸を頻繁に起こしていた僕は飛行機には乗れず、電車と新幹線を乗り継ぎ、7時間半かけての移動を余儀なくされた。7時間半の中の3時間はトイレにいた気がする。初めての東京出張で浮ついた小鬼は、いつもよりテンション高めに壁を叩いていた。

東京に着いた後も人の多さに圧倒され、駅の複雑さと電車の種類の多さに眩暈《めまい》がした。ようやくホテルに着いた時には疲労がマックスの状態だった。少し勉強しただけで眠気に耐えられなくなり、試験前日ということもあって、早めに就寝した。

試験当日、朝食を食べずに会場に向かった。栄養を与えられない小鬼は動くことができない。いいぞ、今日はお腹が痛くなる予兆もない。完璧だ。

しかし、会場に向かう電車の中、僕は徐々に違和感を覚え始めていた。鼻の中がおかしい……。そして目も痒い。いや、時期的にまだ早い。そんな訳がない。毎年恒例のアイツが来るのはまだ先のはず……。

「へっくしゅん!!」

アイツだ……。スギ花粉だ……。気付いた時には遅かった。

東京は長崎より飛散が早いのかもしれない。急速に鼻が詰まっていき、鼻水がとめどなく出る。目の痒さも我慢できないレベルにきていた。鼻の中でホース片手に花粉とパーティーする小鬼と、目の裏側から両手で目に花粉を貼り付けている小鬼。胃腸小鬼と合わせると、3匹。僕の身体には3匹の小鬼がいた。

僕は重度の花粉症持ちだ。例年、薬を飲んでも症状は抑えきれず、鼻水で鼻は荒れ、目は真っ赤になっている。ただ、いつもは時期的にもっと後なのだ。こんなに早いなんて聞いてない。薬だって持ってない。僕は絶望していた。まだお腹が痛い方が耐えられる。胃腸小鬼よ、今すぐその棍棒で上の2匹を眠らせてくれ……。

願いは虚しく、会場に着いた後も状態は悪化し続けた。落ちくんと会話をしないことよりも、花粉症対策をするべきだった。少しばかりの余裕すら消え失せ、鼻にティッシュを突っ込んだ3匹の小鬼の飼い主は、隣で心配する母親に当たり散らした。

そしてストレスからか、胃腸小鬼までが元気を取り戻し、お腹まで痛くなり出していた。大事な試験直前の状況としては最悪だった。

無情にもトイレに行く暇もなく、試験の時間になった。それどころじゃないんだ、待ってくれよ……。心の声も虚しく、試験開始の声が響くと同時に受験生が一斉に問題用紙をめくる。くしゃみと鼻水と目の痒みと腹痛、この世の終わりかと思うほどの八方塞がりの中、シャーペンを握り、問題文を読んでみる。

全く集中できない。

これ本当に日本語か？　この世の言語か？　鼻が詰まり過ぎて、脳に酸素が運ばれていないのがわかる。受験生たちの静かな闘志で満たされた試験会場の中で、飼っている小鬼たちのパーティーが盛り上がりを見せている唯一の男。そう、この俺こ

そがぁ〜‼

この場にそぐわない騒々しさを身体の中から発し、たまに大きなくしゃみと同時に鼻水を垂らし、目は真っ赤で、腹痛で身体が震えている唯一の男。そう、この俺こそがぁ〜‼

高3にもなって試験前に母親に当たり散らして、「もう終わりだ〜！」とか試験会場で叫んで周りにドン引きされた唯一の男。そう、全てをさらけ出したこの俺はぁ〜‼

「サンシャインｉ……かわたにぃ〜！ボコッ！えの〜ん!!!イエエェェー！」

試験は散々だった。終わった後、絶対に落ちたと思って泣いた。母親に「１００パー落ちた……。浪人だよ、ごめんね」と言った。

長崎に帰ると花粉症は少し落ち着いた。これから浪人生活が始まる。そんな覚悟を決めた頃、合格発表の日が来た。もうわかっている結果なんか見ても無駄だとは思いつつ、1%くらいの希望は持っていた。

合格していた。

二度見した。いや、五度見した。信じられなかった。僕だけが試験とは違うものと戦っていると思っていたのに。まさかみんなもっと体調悪かったのか？〝井の中の蛙大海を知らず〟ということわざを多分あまり使われない意味で頭に浮かべた。

進学してみてわかったが、僕はまあまあできる方で（偉そうにごめんなさい）、実際に4年後、大学院も推薦で合格した（半年で辞めたけど）。体調が悪くとも、勉強した時間は嘘をつかない。そんな当たり前のことを改めて痛感した。

やっぱり勉強は大事だ。勉強に厳しかった高校教師の父親には感謝したい。

あの時、合格していなかったら、2個上の先輩である休日課長とは出会っていなかっただろうし、今みたいなバンドは組んでいなかったかもしれない。ゲスの極み乙女の特典DVDでサンシャイン池崎さんと共演なんて絶対できなかっただろう。

最近では花粉症の薬も開発が進み、重度の僕でも症状が抑えられるようなものが出ている。おかげでライブに支障をきたすこともない。そして何故か腹痛の頻度も減った。今なら試験会場で叫ぶこともないだろう。これから受験をする学生の皆さん、花粉は年中飛んでるから常に薬を携帯しとこうね。
P.S.同級生の落くんは難関の国立大学に一発合格してました。避けてごめんね。

一冊にまとめたポエム

つい見てしまうもののひとつ、芸能人のモーニングルーティン動画。そんなことしないだろ！というツッコミを我慢しながらも何故か最後まで見てしまう。早朝に起き、カーテンを開いた後の観葉植物のカットイン。シーツを綺麗に戻し、洗面所で見たことない粉状の洗顔で顔を洗い、舌磨きからの歯磨き。そこから年末の大掃除レベルで洗面所の掃除が始まったりする。そして台所では確実に白湯を飲む。丁寧な暮らしの定番だ。聞いたことない名前のお洒落なご飯を、何種類も手作りしてみたり（大抵アボカドとオリーブオイルが入っている）、バターコーヒーという聞き慣れない飲み物（偏見です）を入れたりする。ここまでで約2時間はかかりそうなものだ。毎日やっていたら精神的に病んでしまいそうな忙しさ。本当に毎日やっていたらすみません。

でも、僕もモーニングルーティン動画に触発されて白湯を飲もうと思った時期はある。

白湯の中でも、ミネラルウォーターを沸騰させ、10分間煮立てたものが良いと人から聞いた。僕はその話を聞いた足で家に帰り、ミネラルウォーターを火にかけた。10分のタイマーをかけ、その間レコードで山下達郎さんを聴きながら、優雅に白湯完成を待った。これが丁寧な暮らしかぁ、なんて思いながら。タイマーが鳴り、僕はキッチンに向かった。鍋を見た。白湯はなかった。全て蒸発してしまっていたのだ。あの時の切なさは今でも覚えている。慣れないことはするなと神様に言われているようだった。それからたまに白湯は飲むようになったが、丁寧な暮らしには程遠いし、習慣化もしていない。

ただ、そんな僕でも唯一続いているルーティンがある。そう、スキンケアである。朝と寝る前の2回、洗顔、化粧水、シワクリーム、美容液を顔に塗る。きっかけはテレビなどのメディアに出るたびに容姿のことを散々言われたからだ。整形する以外の方法で見た目を変化させるにはどうしたらいいのか、色々な人たちに聞いた。芸能界の先輩たちは口を揃えて言った。

「スキンケアだよ」

そんなもので顔が変わる訳ない。肌が潤うだけだろ、とタカを括っていた。まあものは試しだと思い、2018〜2019年頃からだろうか。頑張って習慣化させてみたら数ヶ月でかなり変化があった。何故か写真写りが良くなったのだ。そりゃ良くなったって言っても元が整っていないので前との比較でしかないのだが、個人的には随分良くなった。テレビに出る時も多少は自信がもてるようになった。肌を褒められることも増え、元には戻りたくない一心でスキンケアを続け、浮腫を取る美容グッズを片っ端から買った。赤から事件以外は撮影も収録も上手くいった気がする。スキンケアをしないと1日が始まらないし、1日を終えられない。

「心が変われば行動が変わる。行動が変われば習慣が変わる。習慣が変われば人格が変わる。人格が変われば運命が変わる」

心理学者のウィリアム・ジェイムズの名言である。たしかに自分に自信がついたという点で人格は変わったし、運命は変わった。35歳という若くもない年齢になった今、強く思う。あのままスキンケアをしていなかったら、もっと酷い容姿になっていただろう。今もだよ！というツッコミは心の中にしまってください。お願いしますアンチの方々……。

さて、ルーティンの話に戻ろう。僕はスキンケアの他にもうひとつ習慣化しているものがある。それは風呂に日本酒を入れて入ることだ。

スピリチュアルな話になるが、ミュージシャンは職業上、たくさんの人の〝気〟に触れる。ライブ終わりは物理的な身体の疲れ以外に、なんとなく悪い〝気〟を感じる時がたびたびある。それを相談した除霊師の方に言われたのが、日本酒風呂だった。沸いた風呂の中にコップ1杯の日本酒を入れて浸かるだけ。そんな訳あるか！と思いながら2、3日やったのだが、たしかに悪い〝気〟を感じなくなったような気がする。それからは日本酒風呂に入らないと寝てはいけないような気がして、もう2年は続けている。プラシーボ効果なのかもしれない。でもそれでも良い。心持ちは随分変わったし、ステージに立つのが楽になった。

この2つの習慣が僕を変えたのだ。そしてもうひとつ、僕には止めた習慣がある。それはカフェインだ。3年前、特に理由もなくコーヒーを飲むのを止めた。それまでは1日5杯は飲んでいた。それを急に止めたからか、コーヒー断ちした初日の夜は頭痛が酷かった。2日目も軽い頭痛に襲われ、2日間は何もできなかった。しかし3日目にして頭痛はなくなり、寝起きが格段に良くなった。睡眠への導入も心地良く、前より深く眠りにつけているのが自分でもわかった。

それに、デカフェのコーヒーでも十分美味しく、コーヒーの味が好きな僕はストレスなくカフェインから卒業できた。ただ、ひとつだけ困るのはお茶が飲めないことだった。飲食店に行っても飲めるソフトドリンクが限られる。食事の時にジュースをあまり好まない僕は、水しか飲めるものがない、という場面に遭遇する機会が多い。カフェインレスであるコーン茶、麦茶、そば茶、ルイボスティーなどを置いている店はかなり少ない。特にお酒が飲めない時に寿司屋さんに行った場合は、炭酸水を飲むしかない。最初はそれがきつかったが、3年の月日の中で慣れてしまった。

〝習慣を止めるというのも、人生を変える大きな手段だ。〟

この文章を書いたところで一旦書くのを止めた。気付けば自己啓発本みたいな論調になってきている。ダブルクォーテーションまで使って、更に改行までして……。恥ずかしい……。自己啓発本は自己陶酔本だ。筆者の自己陶酔を一冊にまとめたポエム。読んだ人は筆者になったような気分になるが、そんな訳ないし、大抵役に立たない。読み終わって数日もすれば忘れる（暴論です）。そもそも自己啓発本を読み漁っている人でまともな人を見たことがない（暴論2）。本を読んだだけで人生が上手くいく訳ないし、お金も貯まらない（正論）。スキンケアを続けるのだって根気もお金も必要になってくる。続けるって大変なんだよ。でもスキンケアは良いんだ。

〝続けた先にだけ幸せがあるのです。〟

危ない危ない。文章を書いているとついこの文体になってくる。自分で自己陶酔に気付くのが遅れたことを悟った時のあの恥ずかしさ。飲み会で後輩と話している時に陥りやすいあの瞬間。酒を飲んでいる時は気付かず、家に帰ってから猛烈に恥ずかしくなるあの時間。思い出してほしい。話す前、書く前、僕らは自分の陶酔レベルを確認しなければならない。普段から自己啓発本を読んでいる人はこれができない（偏見2 and 暴論3）。だから自己啓発本は読むな（暴論4）！

はい、これ自体が自己陶酔に思えてきたのでそろそろ止めます。

まあ冗談はさておき、僕は先日見た、とあるYouTuberのモーニングルーティンに触発されて舌磨きを始めました。これも習慣になったらまたみんなに勧めることにするよ。続けた先に何があるかな。デカフェのバターコーヒーを啜《すす》りながら。

10じゃなくて9くらい

僕の最終学歴は大学院中退だ。ただ、すぐに中退した訳ではない。上半期だけ通って下半期を休学した後に辞めたので、入学して約1年後だ。いや、割とすぐだな。

でもこの1年で色々な変化があった。.indigo la Endというバンドは既に始動していて、大体月に6本くらい、様々なライブハウスでライブをこなしていた。毎回赤字ではあるが、10人くらいの固定でライブに来てくれるファンができた頃だったと思う。大学院に行きながら曲を作りリハをして、研究室の白衣を着たまま歌詞を書いた。この頃の僕はジルコニアの燃料電池への応用をテーマに研究をしていたのだが、全く興味を持てず、日々研究室でYouTubeばかり見ていた。NUMBER GIRLの

1999年のRISING SUN ROCK FESTIVAL、RADIOHEAD、SIGUR RÓSのライブ映像は擦り切れるほど見た。音楽で飯を食える日なんてくるんだろうか。僕は研究室に漂う薬品の匂いに包まれながら頬杖をついていた。

2011年の6月頃だっただろうか。渋谷でいつも通り自分たちの出番を終え、他の出演者のライブを見るためにフロアに戻った。そこで声を掛けてきた大人がいた。それがその後所属することになるスペースシャワーミュージックのスタッフだった。トントン拍子に話は進み、とりあえず来年インディーズでCDを出そうという話になった。

音楽で飯が食えるかもしれない。そう思ってからは急に景色が今までと変わって見えた。慣れていたはずの研究室の薬品の匂いが苦手になったり、キャンパスを歩いている他の学生より背が高くなった気がした。学食のパイナップルもいつもより甘く感じた気がする。とにかく高揚していた。そこからは授業に出ない日も増え、曲作りに打ち込んだ。7月にあった期末テストは全て受けなかった。音楽に集中するから大学院を辞めたいという話を親にしたが、当たり前に難色を示された。だからとりあえず休学するという話で落ち着いた。研究室の教授には気まずくて本当の理由なんて言えず、一身上の都合という便利な言葉を使った。

大学院に通わなくて良くなった僕は、今まで以上に音楽に打ち込み、大量の曲を作った。親からの仕送りのおかげでバイトはあまりしないで良かったことも大きかった。絶対に売れると心に決めて、ｉｎｄｉｇｏ　ｌａ　Ｅｎｄのインディーズデビューミニアルバム『さようなら、素晴らしい世界』を完成させた。今まで作った中で一番ポップな作品だった。休学中にレコーディングを終え、ライブをやりながらリリースを待った。そして２０１２年４月11日にリリースが決まり、僕は親にそれを伝え、反対はされたが３月で大学院を辞めた。教授にも思い切って本当の理由を伝えたが「知ってたよ」のひと言だった。一身上の都合という言葉は便利だが、すぐに見破られるということを学んだ。

ＣＤデビューをしたが、それだけで飯が食えるはずもなく、社会的には「趣味が音楽のフリーター」という肩書きになっていた。仕送りには頼らずバイトで生計を立てた。しかしデビューの反響はあまりなく、ＣＤは予想以上に売れ行きが厳しかった。バンドはバンドでメンバーも安定せず、バイトの時間とバンドの時間どっちが長いかわからなくなった。

大学院を辞めて本当に良かったのだろうか。僕の選択は正しくなかったのか。思い悩み、ストレス発散のためにライブハウスで知り合ったメンバーとゲスの極み乙女。（今はゲスの極み乙女）を結成した。それが２０１２年５月12日のことだ。ｉｎｄｉｇｏの活動の合間に趣味程度にスタジオでセッションをしながら、たまに曲を作る程度の活動だった。

その間もｉｎｄｉｇｏの次の作品を作り続け、２０１２年９月

5日、2枚目のインディーズ作品「渚にて」をCDリリースした。ただ、2枚目の方が更に反響が少なかった。ほぼ無風といってもよかった。流石に心が折れそうになっていた当時の僕にとって、趣味のゲスの活動が精神的な支えになっていた。

遊びで作っていただけのゲスの曲だったが、せっかくならリリースしようと、自主制作で委託販売を開始した。これがびっくりするくらい売れた。1000枚以上は売れたと思う。調子づいたゲスはindigoと同じレーベルからインディーズデビュー作品を2013年3月6日に、CDリリースした。奇抜なバンド名は瞬く間に広がり、「ぶらっくパレード」という曲のMVの再生回数が凄い速さで100万回を超え、CDは爆発的に売れた。結成してから4本目のライブが即完し、2013年の12月にリリースした「キラーボール」がライブハウスシーンでキラーチューンになった。名前は全国区になり、僕はアルバイトを辞め、音楽で飯が食えるようになった。ずっと停滞していたindigoにも人が集まるようになり、ゲスに引っ張られるようにして、2014年の4月2日、異例の2バンド同時メジャーデビューを果たした。

テレビにも頻繁に出るようになり、NHKの番組で母校の大学でロケをした際には、僕が辞めた研究室の教授にも再会できた。あの無表情で口数が少ない教授が「応援してます」と言ってくれた。あの頃の薬品の匂いはそのままだった。それが何故か心地良かったのを覚えている。僕は売れたんだ。親の反対を押し切って大学院を辞めた1年半後、バイトを辞めたんだ。

僕はindigoが上手くいかず、新しいバンドに逃げた。みっともないかもしれないが、それが結果的に上手くいったし、今ではindigoが日の目を見ている。たまには逃げていいし、逃げた方が良い時もある。辞めさえしなければチャンスのレールには乗ったままだ。

しかし僕は、売れてからだってたくさん失敗してたくさん後悔した。成功の喜びより後悔の時間の方が確実に長い。音楽で飯を食えるようになってからもずっと悩み続けている。ただ、そんな時に思い出すのが意外にも研究室で頬杖をついていたあの光景だったりする。懐かしい、とは別の感情。大きな選択に悩んだあの部屋に、自分の心の一部を置いてきたのかもしれない。思い浮かべることで、いつもは欠けているその部分を限定的に取り戻せるのかもしれない。心は常に完成していない方が良い。10じゃなくて9くらい。残りの1は思い悩んだ時に何らかの方法で取り戻す。9から10になった方が心強いでしょう。いつも満タンだと増やすものがないから。僕にとっての1は、いつも薬品の匂いと共にあの部屋にある。それだけでふっと心が軽くなる。

あっ、自己啓発（陶酔）本じゃないよ。恥ずかしい恥ずかしい。そういえば、教授元気かなと思って調べたら、シニアプロフェッサーっていうかっこいい肩書きになってた。調べてもよくわからなかった。でもなんかかっこいい。応援してます。

運動会に繋がれば

35歳になってわかったことがある。人生はそんなに上手くいかないし、上手くいっても必ず次の壁にぶち当たる。僕の人生はまさに山あり谷ありだ。

大学生になるまではずっと谷だと言っていいくらい良い思い出がない。常にお腹は痛かったし、ずっとうっすらイジメられていた気がする。大学生になってからは軽音部でコピーバンドをやることの楽しさを覚え、谷から山に反転した。大学院を中退し、バンドで食べていくことを決意してからはお金もなく、ライブに人は集まらず、結構な谷だった。しかし、それから25歳の時に、結成間もないゲスの極み乙女というバンドが急激に人気になり、27歳の時には紅白に出場した。人生の大きな山だったように思う。

だが紅白直後のスキャンダルにより、大きな谷底に落ちていく。ライブの動員も徐々に減り、タイアップはなくなり、スタッフも離れ、事務所も辞めることになり、移籍した先でも長続きせず、結局独立した。絵に描いたような没落だが、何故か独立してから上手くいき始めた。マネージャーも入れず、自分たちで稼いでいくシステムを構築し、ライブを中心に据え、地道に動員を増やしていった。特にindigo la Endという、僕がゲスの極み乙女よりも前からやっているバンドのライブ動員は年々増えていった。そしてここ1、2年で礼賛というバンドの動員数が大幅に増え、ゲスもある程度のキャパは埋められる動員力を保っている。徐々に山は大きくなり、自分たちの会社も安定したまま丸5年を迎えた。

上手くいっている。上手くいっているのだが、次の壁が高い。そう、僕は姪っ子（11歳）の運動会で曲が流れるくらい売れたいのだ。紅白に出るくらいのヒット曲を出して、姪っ子の運動会で曲が流れ、姪っ子からの尊敬の眼差しを浴びたい。だが、僕らにはタイアップというものがほとんどない。こうなるとTikTokで大きくバズるしか方法がなくなってくる。ただ、それを狙って曲を作り始めたら、いよいよミュージシャンとして緩やかに退化していく予感がある。indigo la Endには、TikTokでバズを起こした曲が2曲ある。その2曲ともストリーミングで1億再生を超えている。しかし、運動会で流れるようなヒット曲は3億回は超えなくてはいけない。この壁が高過ぎる。indigoのTikTokバズもたまたま起こったものだったので、もはや運だ。僕たちはオルタナティブであり続けながら、神頼みのような祈りを捧げ続ける生き物になっている。

今で十分だと言ったらそうなのかもしれないが、僕はもっと大きな夢を見たいし、大きな景色を見たい。そして姪っ子に尊敬されたい。

年を取るたびに若い才能あるミュージシャンたちが現れる。気付いたら、僕らよりずっと遠くのステージにいる、なんてことがよく起こる。フレッシュな才能に世間は注目し、その曲たちが運動会で流れる。今年姪っ子が踊っていた曲もフレッシュなバンドのヒット曲だった。僕らはひたすら追い越され続け、次々に現れる背中を見ながら音楽を作っている。

もうすぐ僕は36歳になる。アラフォーだ。でもこのまま音楽で飯が食えればそれでいい、だなんて思わない。地道にやっていくことは大事だし、バンドを続けることが何よりも大変で尊いものだということもわかっている。でも、僕は運動会で自分の曲を流したいんだ。だから心の中では「バズれ!」といつも思っている。恥ずかしいから口には出さないけどね、絶対。

ただ、思っているだけじゃどうにもならない。

じゃあどうすればいいのか。それは少しでも運気を上げることだ。僕は手始めに除霊整体に行き始めた。聞き慣れない言葉だと思うが、その名の通り、除霊をしながら整体をするところだ。呪文のようなものを唱えながら、身体に触れ、霊を祓いながら整体をしていく。というか普通に整体の技術が高い。除霊されなくても行っちゃう。最後にはお腹のところにあるらしい運気のダイヤルを回してもらう。これを回すと運気が上がるらしい。回さないよりは回してほしいものだ。

もう除霊整体には何回も行っているのだが、ある時には霊がミルフィーユ状態で背中についていると言われたりした。実際、身体は重かったし、施術後は身体が軽くなった。普通に整体が上手いので当たり前な気もするが、不思議と除霊もされている気がするのだ。その何とも言えない爽快感が心地良く、月1のメンテナンスと、運気が下がらないようにするのも兼ねて通っている。

他にもJOJO広重さんという占い師のところにも定期的に

通っている。引っ越しを見るのが得意な方で、引っ越しのたびに方角を見てもらっているが、それ以外でも仕事のことを聞いたり、人生相談をしたりしている。実際に、言われた方角に引っ越し始めてから仕事の調子が上がり始めたし、ＪＯＪＯさんに相談したことで上向いた事案がたくさんある。あと、隣にあるカレー屋さんがめちゃくちゃ美味い。

スピリチュアルな話をすると引かれることも多いが、それ抜きにしても僕は身体のために整体に行き、優しいおじさまと楽しくお話をして、帰りに美味しいカレーを食べている。ただそれだけだ。いつか運動会に繋がれば儲けもん。

ただ、姪っ子が成長していく過程で運動会というものがなくなることがあるのも事実。僕にはそこまで時間がない。だからやれることは全部やる。少しでも運動会に近付くために。

明日、ｉｎｄｉｇｏ ｌａ Ｅｎｄは青学の学祭に出る。これもチャンスだ。今をときめく学生たちの心を摑んで、大学で流行れば、運動会へ一歩前進だ。そういえば、去年は早稲田の学祭に呼ばれた。あれ、意外とindigo la End、ナウい（死語）バンドなんじゃないか？　イケてるのか？

よし、学祭から大きな山を作るぞ。明日で売れるぞ！（？）今、僕はこのエッセイのエグい締め切りに怯えながら過ごしている。明日で売れる前に何かエッセイのネタになるようなことが起こってほしい。期待してるぞ、青学生。

気怠《けだる》げなトム・ヨーク

　ロックバンドを始めたい。でも始め方がわからないあなたへ。周りに楽器ができる人がいなくても大丈夫。自分ができない場合は何かしらの楽器を練習するか、もしくはボーカルになるが、まあそれはやる気さえあれば何とでもなる。だってあなたはロックバンドを始めたいのだから。

　まずあなたに始めて欲しいのがｍｉｘｉだ。あの古のＳＮＳ、ｍｉｘｉである。ここにはメンバー募集コミュニティなるものが存在し、募集だけでなく加入希望の投稿もできる。あなたがメンバーを集めてもいいし、条件が合えば募集しているバンドに加入してもいい。「いやいや、川谷さん、そんなんｍｉｘｉじゃなくて違うＳＮＳでもええですやん」という声が聞こえてきそうだが、違うんです。m・i・x・iには紹介文というとても重要な機能があるんやで。

バンドに加入する場合はその募集しているアカウント、募集した場合は加入希望メールを送ってきた人のアカウントをクリックする。アカウントページには友達からの紹介文コーナーがある。それを見てみると、友達から見たその人の人となりが詳細に書いてあることが多い。本人発信以外の情報が得られるSNSは意外と少ない。紹介文が全くない人は人望がないのかもしれないと判断できるし（偏見だけど）、まあつまりは、その文章がバンドを一緒にやりたい人かどうかの判断材料になるってこと。実際に会う前にわかることは多い方が良いし、それなりに確度が高い人にだけ会って話した方が良いに決まっている。無駄な時間を使わずにバンドを組む夢を叶えるツール、それがm・i・x・iだ。

かくいう僕もｍｉｘｉでバンドを組んだひとりである。ｉｎｄｉｇｏ ｌａ Ｅｎｄは当初、ｍｉｘｉでメンバー募集をして集まったバンドだ。学生時代、サークルの先輩とオリジナルバンドを組んだのだが、僕以外辞めてしまい、途方に暮れていた時に見つけたのがｍｉｘｉのバンドメンバー募集コミュニティだった。僕は好きなバンドや目指している音楽性を細かく書いた文章をそこに投稿した。

「ＲＡＤＩＯＨＥＡＤ、スピッツ、ＭＵＳＥ、ｔｈｅ ｂａｎｄ ａｐａｒｔ ｅｔｃ……」

このあたりのバンドは好きなバンドとして書いていたと思う。

「やりたいのは歌モノで当方ボーカルギターです。ギター、ドラムを募集します」

みたいなことも書いたはずだ。当時ベースは知り合いにいたので、ベースは募集しなかった。

すると、投稿してから数時間後、ギターで加入希望の長田さんという人から連絡がきた。同じ大学生で学年はひとつ上だった。プロフィールを見ると、RADIOHEADやthe band apartが好きと書いてある。ビンゴだ。しかもRADIOHEADが好きな人は基本暗いはずなので（偏見です）、陽の人が苦手な僕としてはまずそのハードルをクリアしているという安心感があった。そのままプロフィールを下まで読んでみると、インディーズバンドの経験もあると書いてある。逆にこっちが付いていけるか不安なくらいだ。ここまでは完璧。あとは紹介文を読むだけ。まあ、もしひとりからしか書かれてなくても、このプロフィールなら会う理由は十分だ。それではクリックさせていただきます。さあ、何が書かれてるかな？

「麻雀大好きお兄さん、そしてお酒も大好きな山梨のヤンキー！　いや、元ヤン？　またみんなで酔い潰れましょう〜‼」

………。僕の脳内で気怠げに歌っていたトム・ヨークが突然明るい応援ソングを歌い出し、片手にレモンサワーを持ちながらヒゲダンスをし始めた。

陽の中の陽の人じゃないか。ＲＡＤＩＯＨＥＡＤ聴いてる人全員暗い説、立証ならず。

それにしても紹介文自体はたくさんの人から書かれている。人望はあるようだ。しかしどれを読んでも麻雀やら酒、そしてヤンキーというキラーフレーズが踊っていた。この時、実際に会う気持ちはどんどん萎んできていたが、ギターは自分のバンドの要になると思っていたので〝インディーズバンド経験あり〟という言葉には抗えなかった。勇気を出して、近いうちにスタジオに１回入りましょうと長田さんに連絡した。

そして、実はその間にｍｉｘｉのドラム加入希望トピックに投稿していた方に僕から連絡し、スタジオに入っていた。その人の紹介文は「とにかく優しい音楽好きなお兄さん」といった言葉ばかりで、実際本当に良い人だった。彼とはすぐに意気投合し、ドラムとして加入することが決まった。メンバーが増えたことで勢い付いた僕は、長田さんに連絡し、スタジオに入る日を決めた。

だが当日、ドラムのメンバーがインフルエンザにかかり、ドラムなしでスタジオに入るのは止めようという話になった。ただ、話だけでもどうですか?と長田さんから連絡がきたので、僕たちは喫茶店で茶をしばくことにした。僕とベースのメンバーの2人で長田さんが来るのを待った。今から元ヤンが来る。麻雀とお酒に明け暮れている大学生。すなわちヤバい奴。来る……来る……。

緊張がマックスに達していたその時、「あの、indigo la Endの方ですか?」と小さな声で話しかけられた。前髪は鬼太郎のように長く、片目は完全に見えない。全身黒ずくめで覇気がない。

「長田です……」

彼は蚊の鳴くような声で言った。

どこが陽なんだ。陰の手本みたいな態度である。ただ、顔立ちは端正だった。

「ああ、川谷です……！　座ってください」

「は、はい……」

もはや蚊の方がよく鳴いている。

それからしばらく音楽の話や生い立ちなんかを聞いた（はず）。長く喋っていると、彼は人見知りなのだということがわかった。段々と心に火が灯り出していた。しかし、陽の片鱗はあまり感じなかった。ただ、節々に感じる適当な話し方や、ちょっと横柄な態度に少し違和感を抱いていた。


〝自分とは合わなそう。〟

それがその日導き出した答えだった。ただ、インディーズバンド経験という魔法の言葉には抗えず、後日彼をバンドに入れることにした。

それから約15年、彼とはまだバンドをやっている。人間的に真逆ではあるが、絶対に離れられない存在になった。

こんなエピソードがある。

2016年の秋、僕たちは活動休止を発表した。そして年末、僕らは1日だけ解散状態になったことがある。僕の責任ではあるが、詳しく話すと長くなるので割愛する。簡単にまとめると、自分の精神状態が危ういまま、メンバーに言葉の牙を向けてしまったのだ。僕はバンドが解体されていくのを眺めるしかなかった。しかしそんな時にかかってきたのが長田くんの電話だった。僕がかけたのかもしれないが。滅多に電話なんてしてこない長田くんが「僕は君の曲に付いていくよ」と言ってくれたのだった。このひと言で全てが正しい再生位置に巻き戻された。休止中の再結成である。普段は冗談しか言わないのに。m・i・x・iで出会った彼と15年近くもバンドを続け、武道館や横浜アリーナまでたどり着いた。m・i・x・iがなければ、僕は今もバンドを続けていなかっただろう。一生分以上の出会いをした。m・i・x・iには感謝しかありません。

あっ、長田くんの紹介文は記憶を頼りに書いたので、大体の内容です。まあそんなに変わらない気がするけど。長田くん、これからもよろしく。

労働過多になったカメラ

撮影でオーストラリアに行くことになった。ｉｎｄｉｇｏ ｌａ ＥｎｄというバンドのＭＶ撮影だ。滞在時間は24時間というハードな行程だった。前日に岩手で礼賛のフェス出演があり、朝から新幹線で岩手に向かった。ライブ後ステージからはけながら衣装を脱ぎ、そのままタクシーに乗り込み、新幹線で東京へ。そこから羽田に向かい、19：30発のＪＡＬに乗り込んだ。ここから約10時間のフライトだ。到着したらそのまま撮影に入るので、飛行機内で寝ておく必要があった。ここまでで相当疲れていたので、機内食を食べたらすぐ眠れるだろう。機内食を食べ終わったのが21：30頃。今から寝れば7時間は眠れる。十分だ。歯磨きを終え、席を倒し、コンタクトを外して鼻呼吸テープを口に貼り、目を閉じた。深呼吸をして睡眠を導入する。完璧だ。マスタープランだ。

なのにおかしい、全然眠れる気がしない。

脱力して飛行機の小刻みな揺れに身を任せてみる。あなたの動きには逆らいません。だから眠らせてください。隣の席からは、よほど感動する映画でも観ているのか嗚咽の音が鳴り響いている。何の映画ですか、教えてください。いや眠らせてください。

多分今日は寝れない。そう悟った僕は、目を閉じて横になるだけでも疲労は回復するという眉唾物の情報を信じることにした。気流によってたまに事故かと思うレベルで揺れたりする時だけ目を開けた。それ以外はじっとすることしかできなかった。隣の席からは嗚咽ではなくイビキが鳴り始め、機内全体が睡眠の空気に包み込まれた。深夜2時になっていた。いかに無になろうとも、神に懺悔しようとも、眠りの許しは出なかった。目を閉じた時に瞼の裏に見える赤や緑の点々を数えるうちに眠くなるなんてこともなかった。そもそもあの点々は何なんだろう。そんなことを考え始めてますます眠れなくなった。嗚咽するほどの映画でも観てやろうか、そう思った瞬間もあったが、まだ一縷の望みにかけていた。ここで起きては負けだ。今までの努力が無駄になる。

もう5時を過ぎていた。明かりが灯り、朝食が配られ始めたが、僕はそれを拒否し、目を閉じ、無になり続けた。フライト中の記憶がほとんどない。もしかしたら寝ていたんじゃないかとさえ思った。それくらい何もしなかったし、極力、何も考えなかった。そして、いよいよ眠れないまま着陸態勢に入った。倒していた席は戻し、コンタクトをつけた。ついに一度も眠れなかった。僕はオーストラリアの空でバキバキの目を開け、これから始まる長い撮影を想像し、絶望していた。やってしまった。

着陸の音は僕に現実を突きつけた。何故かたくさんのコアラに取り囲まれ、彼らは木に登ったまま僕を嘲笑っている。そんな映像が頭に映し出された。おまけに到着すると、何かの機材トラブルがあったようで飛行機から降りることができなかった。1時間は機内にいたと思う。そして、この1時間が何より長かった。目を閉じて寝ようとしている時には感じなかった眠気が今になって到来し、すぐ降りるからと思い、その眠気とずっと戦っていた。この攻防で疲労度は増え、降りた後の入国審査の列の長さで更に疲れは増した。

ようやく税関を通過した頃には着陸から2時間近くが経過していた。結局一睡もしないまま現地のコーディネーターさんと撮影場所に向かい、メイクをして衣装に着替えた。この時には眠気のピークを超え、意外と元気だった。オーストラリアは快晴で、コアラは見当たらなかったが、街の景色は最高だし、空気も心地良かった。

撮影自体は少し変わっていて、日中はアヒルを散歩させたり、アヒルと戯れるシーンがメイン。アヒルの名前はフレデリックで、みんなフレッドと呼んでいた。フレッドは基本的に言うことを聞いてくれず、ダックハンドラーのアリサの言うことすらも聞いていなかった。フレッドの予測不能な行動に振り回され、みんながフレッドのご機嫌を取ることに躍起になっていた。コアラではなくアヒルに嘲笑われることになるとは思いもしなかった。それでもフレッドは愛嬌があり、なんだかんだ可愛らしかった。観光客の人も現地の人も興味津々で、フレッドの周りには常に人だかりができていた。夕暮れのフレッドとのラストカットを撮っている時には、僕もかなりフレッドのことが好きになっていた。正直、名残惜しさを感じていたが、フレッドは早く帰りたそうだったし、何よりアリサの方が早く帰りたがっていた。

フレッドとアリサが帰った後も撮影は続き、夜のラストシーン撮影になったところで何やら現地プロデューサーが撮影チームに時計を見せながら話している。時間が押しているんだろう。日本が多分変なだけだが、押さないMV撮影はほぼないし、基本的に終わるのは深夜になる。ブラックな労働環境であることは間違いない。しかし海外は労働時間をしっかり守っている。夜になったあたりからスタッフがひとりずつ帰っていることにも気付いていた。そして、大事なシーンを前にしてとうとう僕のメイク担当のトレイシーが帰っていった。自分の勘で髪を直し、撮影を続けた。

ラストシーンの前には撮影用カメラまで返却時間を過ぎ、労働過多になったカメラは没収された。そこからは日本から持ってきていた小型のカメラに切り替え、なんとか撮影を終えた。気付けば時間に追われ、結果眠気を感じる暇もなかった。撮影スタッフと打ち上げで何故かイタリアンに行き、イタリアの料理をたくさん食べ、イタリアのワインを飲んだ。コアラには会わなかったし、オージービーフも食べなかった。ちなみに撮影スタッフは前日前乗りし、タイ料理を食べていたらしい。なんでだ。

打ち上げ後はシャワーを浴びてすぐに就寝し（気絶したレベルで早く寝た）、早朝に起きて空港に向かった。そういえばまだ野生のコアラを見てないなと思い、現地のコーディネーターさんに「コアラはどこで見られますか？」と聞いたら「動物園にいますよ」と言われた。オーストラリアにも野生のコアラは一部のところにしかいないらしい。アホみたいな質問をしたんだなと思った。当たり前にその辺にいると思ってました、すみません。

コアラのぬいぐるみがたくさん売っている空港に着き、朝8：15発のＪＡＬに乗り込んだ。帰りは驚くほど眠れた。行きの苦しみは何だったんだ。行きに映画鑑賞をしなかったことを後悔していたので、着く3時間前くらいにしっかり目覚め、映画を1本観ようと思い立った。何を観ようか死ぬほど悩み、悩んでる間にまた眠ってしまっていた。なんでこんなに寝られるんだ。次、気付いた時には着陸1時間前だった。急いで国際線でしかまだ観られなさそうな「バービー」を選んだ。40分くらいしか観られなかったし、面白くなりそうなところで日本に着いてしまった。いつか配信されたら見ようと心に決めた。

羽田からそのままスタジオに移動し、夜までゲスの極み乙女のリハーサルをやった。長い3日間がようやく終わった。帰ってネットフリックスをつけたら「バービー」は普通に配信されていた。なんだよ。

追記：完成したMVを見たらメイクのトレイシーが帰った後の僕の前髪は綺麗に割れてしまっていた。

ただのお気持ち表明

「めちゃくちゃ聴いてました！　学生時代ライブ行ってたんです！」

　ここ何年か、若いバンドがたくさん出てきて、フェスやイベントで会うたびにこのようなことを言われる。僕らの音楽から影響を受けた人がミュージシャンになり、同じステージに立ち始めている。嬉しいといえば嬉しいのだが、僕はまだ現役だし、自分たちのことを若手だと思っているので何だかむず痒い。

「あなたは現役ではないですよ」なんてことが言いたい訳ではないのはわかるし、素直に喜べばいいだけの話なのだが、自分のキャパが狭いのか、何とも言えない気持ちになる。そんな時、めんどくさい方の川谷が現れ、「聴いてまし〝た〟？　え、今は?」なんてことを頭の中で言い始める。ただ、気持ちを伝えたいだけの年下バンドマンを前に、僕の中では醜い意見が飛び回る。しかも、テレビや雑誌で音楽解説のような仕事をするようになってから、僕のことを解説者として認識する人が増えた気がする。

「現役を引退してからは、解説者として活躍中です。今日のゲストは川谷絵音さんです！　どうぞ～！」みたいな紹介をされているような気分になる。

今でもひと通りのフェスには出続けているし、毎年各バンドでツアーをやっている。歌番組に出たりしないからだろうか。僕は今も精力的にやっているのだが、なかなか伝わらない。そう勝手に自分で思っているだけなのかもしれないが、いまだにゲスの極み乙女という名前を使わないと大抵の人には認知されない気がする。この前、グルメな先輩とラーメンを食べに行ったのだが、大将やスタッフに僕のことを「ゲスの極み乙女の川谷絵音くんです」と紹介していた。その時のみんなの顔には「ああ、〝あの〟例の……」と書いてあった気がするし、「最近見ないけど、この人何やってるの？」とも書いてある気がした。解説者以前に引退してもう地元に帰ってひっそりと生活してるんだと思われてるのでは？という考えが過ぎる。

考え過ぎなことはわかっているし、僕の音楽を知っている人たちだって世の中にはたくさんいる。ゲスの極み乙女も２０２４年ワンマンツアーを17本やったし、ｉｎｄｉｇｏ ｌａ Ｅｎｄも21本のワンマンツアーをやりながらたくさんのフェスに出た。礼賛もツアーやフェスに出て、ｉｃｈｉｋｏｒｏは海外ツアーもやった。色んなアーティストの楽曲提供やプロデュースもした。ジェニーハイでも新曲を出し、自分主催の演劇もやった。なんならこのエッセイの連載も始めた。２０２４年は以前より精力的に３６０度カバーしながら馬車馬のように働いた。

でも、わかったことがある。もっと売れなきゃダメだ。小さい360度の円では広がっていかない。実際、2024年はindigo la Endは横浜アリーナを完売させたし、ストリーミングで1億回再生の曲が2曲になった。でも、足りない。僕は長崎を出る時に有名になるんだと心に決めて出てきた。有名にはなったのかもしれない。ただ、僕にはもっと見たい景色があるし、何より両親に見せたい景色がある。親不孝なことをしでかしてしまったので、最大の親孝行がしたいし、2人が自慢の息子だと周りに言いまくれるくらい売れたい。35歳で売れたいって言ってる奴なんて痛いと思われるかもしれない。でもそれでもいい。現状維持なんてつまらな過ぎる。今が一番良い状態にしなくちゃいけない。バンドは新曲が一番良くてナンボだろという気持ちがある。

そんな心持ちで作ったindigo la Endのアルバムがある。タイトルは「MOLTING AND DANCING」。直訳すると「脱皮して踊る」だが、これは比喩的な表現で、変化や成長を経て新しい段階に進むことと、その喜びや躍動感を表現している。このエッセイが出る頃にはすでにリリースされていると思うが、特に「ナハト」と「夜凪」という曲に僕の今のモードが反映されている。あくまでもオルタナティブに、でも突き抜けてポップに。「夜凪」にはフィーチャリングボーカルとして「にしな」が参加している。韓国のラッパーpH-1を客演に迎えた「ラブ」ぶりのコラボ曲である。2025年は360度の円をもっと広げていく。そのためにも色々な人と関わっていくつもりだ。

そんな今は「EIGHT-JAM」の年間ベスト企画のアーティストを選んでいる。がっつり解説者仕事だが、これも360度の円にはなくてはならない要素だ。え？　この人音楽解説〝も〟してるの？　と言われるくらいにならなくてはいけない。

エッセイも売れたらいいな……。締め切り守れてないけど売れたらいいな……。ここまで書いて1900文字弱、あと何万字書けば本になるんだろうか。文章って本当に難しいな。いや、でもただのお気持ち表明で1900字〝も〟書いてるって思った方が良いのか？　要約すると「売れたい」っていう内容なんだけどね。

でもさ、ただ売れたいって書いたら痛い奴だからこれくらい長々と書いた方がお得よね。売れたいって書いたエッセイが売れたらいいな……。締め切りは守れてないんだけどさ……。

上田さんの一言

2022年のFIFAワールドカップ、日本対ドイツ戦。あの日本の劇的な勝利を覚えているだろうか。ドイツに先制されるも、堂安（律）のゴールで追いつき、試合終盤の浅野（拓磨）の逆転ゴールで2－1で勝利したあの伝説の試合だ。僕は忘れもしない。忘れる訳がない。それだけ特別なことが起こった日だから。人生で一番腹筋を使ったであろうこの日に起こったことを、これから書いていこうと思う。

ワールドカップの開催中、僕はちょうどゲスの極み乙女のツアー中だった。日本の初戦でもあるドイツ戦当日は大阪でワンマンライブをしていたのだが、試合開始時間は日本時間22時で、ライブは遅くとも21時には終わるので、見ようと思えばリアタイできるスケジュールだった。でも試合を見るモチベーションはそんなに高くなかった。僕は学生時代サッカー部だったこともあり、サッカーを見るのは好きだ。ただ、グループステージは強豪であるスペイン、ドイツと同じといういわゆる死の組で、突破は難しいと思っていたし、負ける可能性が高そうなドイツ戦をライブ後に見る心持ちにはならなそうだなとも思っていた。実際大阪でのライブ後は、良いライブをした満足感と打ち上げでお酒を飲みたいという感情が脳を支配していて、ワールドカップのことなどすっかり忘れてしまっていた。

ライブと打ち上げはセットだ。帰るまでが遠足、打ち上げまでがライブだ。ツアーでは各地にイベンターがいて、打ち上げ会場を押さえてくれる。大阪にはひょうきんなイベンターの上田さんという方がいて、彼が押さえる店は美味しいところが多かった。この日もお洒落な居酒屋さんの2階にある広い個室のテーブルをメンバーと上田さんで囲んでいた。出てくる料理は全て美味しく、お酒も種類が豊富で、店内でかかる音楽も秀逸だった。何より居心地が良い。店員さんの穏やかな雰囲気も店の照明の塩梅も寒過ぎず暑過ぎない室温も、僕が好きな空間を演出してくれていた。

そんな最高の打ち上げ開始から1時間ほど経った頃、1階の方が騒がしくなった。店内BGMを超える声量がたまに聞こえてくる。

「ドイツ戦始まったみたいですね！」

上田さんのその一言でワールドカップのことを思い出した。1階はおそらくテレビがあるのだろう。みんなで観戦しているようだ。ゲスの極み乙女のメンバーはさほどサッカーには興味がなさそうで、「へー」と口を揃えて言っただけだった。その後も楽しい打ち上げは進み、1階の声も気にならなくなった頃、一際でかい悲鳴のような絶叫が下から聞こえた。

「あー、Twitter見た感じ、ドイツに先制されたみたいですね……」

スマホを見ていた上田さんが残念そうに呟いた。まあそうだよなぁ、やっぱりなぁ。僕はお酒に意識を戻し、メンバーと今日のライブの話をして盛り上がった。それからしばらく経った頃、今度はさっきとは比べ物にならないほどの絶叫が下から聞こえた。地鳴りのような、身体が揺れたと錯覚するほどの声量。メンバーも何が起こったんだ？　という顔をして全員の動きが止まっている。


「え⁉　日本が同点！　堂安が決めました……‼」

上田さんが叫んだ。

マジか、同点？　さっきまで全く興味がなかったメンバーもこれには心が動いているようだった。この時僕は1階に行きたいと少し思い始めていた。しかしまだ同点。ここからまた点を取られる可能性の方が高い。一旦冷静になろう。ドイツはここから絶対本気になる。

勝てる訳がない。勝った方が嬉しいはずなのに、試合を見ない選択をした自分を正当化するため、逆張り川谷くんが大阪に降臨していた。

「まあ、飲もう。ドイツはここから本気になるよ。今だけ今だけ」

僕の逆張りビームを浴びたメンバーは、「まあそうだよね」という空気を受け入れ、打ち上げモードに戻っていった。そこからは1階が少し盛り上がったり、落胆の声を上げても気にならなかった。しかし、またしばらく経った頃、床を突き破るような轟音が下から僕らの身体を突き抜け、2階の天井に突き刺さった。

「浅野！　浅野が！　うわぁ〜！　逆転！　ぎゃく……てん‼」

Twitter実況者の上田さんが大声を上げた。

「えー‼　マジ⁉」

逆張りビームの効果は完全に消え、全員がサッカーのことしか考えられなくなっていた。どうにか試合を見たい。勝利の瞬間を見られるかもしれない。

「上田さん、どうにかサッカー見られないですかね？　スマホで生配信とか！　そういうの絶対ありますよね？　1階は一般のお客さんいるし、ここで見れたら最高なんですが……」

試合を見ない選択をしたことを悔いていた。僕は必死だった。絶対に見たい。

「ちょっと探してみます！　わ、しかもロスタイム7分もある……！　今見れたら7分見れますよ！　あっ、生配信やってる！　僕のスマホで良ければ見れます！」

上田さんはスマホを横にしてメニュー表のスタンドに立て掛けた。スマホの画面は小さく、見づらかったが、本当に2－1

で日本がリードしていた。あと7分守り切れば大金星だ。

それにしてもこの日初めて見るドイツの選手は全員身体がデカく、足もめちゃくちゃ速い。ドイツの右サイドの選手が自陣から日本のディフェンスラインまで、見たことがないスピードで迫ってくる。そこに凄いスピードのスルーパスが通る。それをトラップすることなくダイレクトにシュートした。ギリギリゴールの枠を外れたが、ドイツのスーパープレイだった。

みんなで悲鳴を上げる。危なかった。というかこんな凄いチームに2－1で勝ってるの？　失点1で抑えてるの凄過ぎないか？

その後も怒涛のドイツの攻撃は続いた。スーパープレイの連続だった。ドイツの選手の運動能力の高さと体力には驚くしかなかったし、生配信の画面が俯瞰の画が多く、全体が見やすかったので、ドイツの全体のチームワークの凄さも目立っていた。

ロスタイムはいつ終わるんだ？　7分ってこんなに長いのか……。

ドイツの猛攻に対して日本は防戦一方だった。これを見ているとマグレで入った2点なのだろうなと思うしかなかった。早く終わってくれ、そう祈っていたその時だ。日本のディフェンスの誰かが蹴った山なりのロングボールがドイツゴール前に落ちた。え？と呆気に取られていた僕らの目に飛び込んできたのは、そのボールの前でフリーになった日本の選手だった。画面が小さい上に引きの画だったので誰かはわからないが、絶好のチャンスだった。その後はスローモーションに見えた。そのロングボールをワンタッチして余裕を持って体勢を整え、ゆったりしたモーションでボールを蹴った。その白と黒の模様が入った球体はキーパーの手をすり抜け、ゴールネットを揺らした。

「ゴーーーーーール！！！！」

解説が絶叫する。僕らは顔を見合わせ、身体全体を使って発狂した。やった‼ 勝った‼ 3－1！ もう多分残り時間は1分もない。絶対に勝った！ 大金星だ！ 1階も今凄い盛り上がりだろうが、2階の僕らの声の大きさでもう聞こえない。心臓が飛び出しそうだ。今まで見たスポーツの中で一番興奮していた。サッカーに興味がなかったメンバーもみんな狂喜乱舞している。

最高の気分だった。2点差も付けてあの漫画みたいなスーパープレイヤーが集まったドイツに勝ったんだ。最初から試合を見なかったことは悔やまれるが決勝点の瞬間を見られたんだ。もう悔いはない。打ち上げまでがライブ、いや勝利までがライブだ。

スマホの画面では今のゴールのリプレイ映像が流れている。配信を見始めて初めての寄りの映像だった。興奮状態のまま遠くからそれを眺めていたが、上田さんが急にスマホを取って自分の目に近づけた。

「え、待って？　これウイイレやん‼」

は？　ウイイレ？　上田さんは何を言ってるんだ？　まだ喜びきってないぞ。勝利の舞いの真骨頂はこれからだというのに。

「マジやん……。ウイイレやん……。ウイニングイレブン！　僕らウイイレ見てたんですよ……！」

上田さんが叫んでいる。

言ってる意味がわからない。ウイニングイレブンはよく知っている。学生時代よくやったサッカーゲームだ。それを見ていた？　いや、ワールドカップの生配信を見てたんでしょ？　僕らを笑わそうとしてるのか？　だとしたら全然面白くないぞ？　僕
「上田さん？　何言ってるんすか？　ちょっと貸してくださ

い」

そう言って僕はスマホを取って顔に近づけた。画面には決勝ゴールのリプレイ映像の寄りが流れている。

「ウイイレやん……」

どう見てもウイイレだった。学生時代によくやったあのウイニングイレブンだ。人がカクカクしているし、顔も身体の作りも粗い。よく考えたらドイツの選手の走り方は異常だった。100mを5秒くらいで走るスピードだった。ドイツは強いという固定観念にも似た妄想は僕らの判断能力を低下させていた。でも何故？　この映像は何？

「これ……多分、日本ドイツ戦を裏で生で再現してる……ウイイレ配信のリンクでしたわ……」

その上田さんの一言で呆れを通り越し、笑いが込み上げてきた。何を見せられてたんだという気持ちと何故気付かなかったんだという気持ちが掛け合わさり、お洒落な居酒屋の2階は爆笑に包まれた。笑い過ぎるくらい笑った。本当の日本対ドイツ戦はもう終わっており、2－1で日本が勝利していた。再現するならなんで3点目入れたんだよ。また笑った。腹筋が捻じ切れてしまいそうだった。そしてそのウイイレ生配信を6000人が見ていたらしい。絶対に僕らと同じ勘違いをしていた人が混ざってるに違いない。別次元のワールドカップで幻の3点目を目撃した6000人。これから良いことがあるに違いない。同志たちよ、幸あれ。

バンドマン

僕の肩書きはミュージシャン、アーティスト、色々な表現があるが、一番しっくりくるのは「バンドマン」なのかもしれない。5個もバンドやってるし、誰よりもこの肩書きが似合うと思っている。という訳で今日はバンドマンという人種について書いていこうと思う。

まずバンドマンになるにはどうすればいいか、バンドを組みましょう。友達がいないって人はバンドメンバー募集掲示板やXやInstagramを活用しましょう。mixiが特におすすめです（「気怠げなトム・ヨーク」参照）。楽器ができなくてもボーカルならカラオケ気分でできますし、楽器なんて始めれば何となくは誰でもできるようになります（マジでそうなんです）。これが段階1。

さて、そんなこんなでバンドを組んだあなたはもうバンドマンです。次はライブをしましょう。やっぱり最初はバンドマンの聖地「下北沢」がおすすめです。下北沢にはたくさんのライブハウスがあります。中でも下北沢ERAは良心的なノルマですごく優しくて厳しい店長の久保寺さんという人がいます。彼は僕が大好きなバンドであるwooderd chi:arieのベーシストでもあり、僕はバンドマンの先輩である彼から色んなことを学び、:indigo la Endにベーシストがいない間はレコーディングやライブまで参加して頂きました。

そんな下北沢ERAに出るためにまずはライブハウスに提出する曲を軽いデモでもいいから録音しましょう。曲もないのにライブなんてできません。コピーならできますがコピーをやるならサークルでやりましょう。わざわざ下北沢ERAでやることではありません。GarageBandというソフトもありますし、なんならスタジオでの練習を録音したって構いません。できたデモを提出し、よっぽど酷くなければライブには出られます。酷い音源しか作れない場合はバンドを諦めましょう（鬼畜）。

　そんなこんなで初ライブの日程が決まります。色んなバンドと対バン形式で夜スタートで5～6バンドも出る、客だったら絶対に最初から最後まではいたくないライブにブッキングされます。チケットノルマは2000円×10～15枚といったところでしょう。まあファンなんている訳ないので友達をライブに誘います。初ライブはなんとなく興味本位で来てくれる人はいるでしょう。そのあとからは全然来てくれません。友達がいない人は2～3万円を払う覚悟をしましょう。そして、緊張で迎えた初ライブはそれはもう酷いできになります。来てくれた友達もドン引きです。しかし、店長の久保寺さんは慣れているので優しく必要な課題について話してくれ、次のライブの日程を決めることでしょう。

ここからライブの費用で家計は火の車になります。スタジオ代、チケットノルマ、はたまたレコーディング代、グッズ制作費などなど。治験なんかのバイトをし、工場でパンを詰めながらこれを乗り越えたあなたには、いつしか10人ほどの固定ファンがついていることでしょう。小さいライブハウスでの10人はみんな顔と名前が一致し、バンドマンとしては自分のことを絶対に好きな10人な訳です。まあ手を出すバンドマンがほとんどでしょう。そうやって彼女っぽくなった固定ファンはバンドの中に入ってこようとします。

手始めに物販のスタッフをやり始め、したり顔でスタジオでの練習に差し入れを持ってきたりするようになります。それを心地良く感じている内は良いのですが、固定ファンが40人に増える段階2になると様子が変わってきます。40人は相当な数です。下北沢のライブハウス界隈では有名になっているだろうし、よくわからないレーベルやよくわからないイベンターなんかが声をかけてくる時期です。中にはメジャーのレーベルがライブに来る可能性もある段階です。

そうすると彼女兼スタッフ（仮）はファンに黄色い声を浴びせられるあなたに複雑な感情を抱くようになります。あなたは女性の選択肢も増え、モテはじめます。初ライブにしか来なかった友達の女の子も現れ始めます。そして、あなたはモテている自分に溺れ、クズ化していきます。そうなると40人の固定ファンに噂はすぐに広がり、バンドは低迷し段階1に戻るのは容易です。彼女兼スタッフ（仮）の仕返しを受ける場合もあります。

モテてモテてしょうがなくても我慢したあなたには固定ファン100～150人の段階3が待っています。メジャーレーベル数社がライブを見に来ることでしょう。もう下北を超えて、SNSの時代ですのですぐにニューカマー的なまとめにも載り始めます。しかしここからが大変です。メジャーレーベルと契約し、メジャーデビューをしたとしても全く売れずに解散もしくは活動の情報すら全く入ってこない幽霊バンド状態になることも多々あり、500人キャパの代官山UNITをワンマンで売り切る段階4にはなかなか入れないのであります。

段階4に入ったあなたもバンドだけでは食えません。大体はバイトをまだしないといけないんです。バイトをしないでも食べていくためにはZepp DiverCityを埋めなければなりません。2200人です。これは段階6です。ちなみに段階5は恵比寿LIQUIDROOM（900人）です。段階6に進めるバンドは限られています。もう何かしらのタイアップはやっているかもしれません。というか段階5と段階6の差があり過ぎるんですよね。ここに行けるかどうかでバンドのライブだけで5年食べていけるかが決まってきます。

さて段階6にいったあなたのバンドには芸能人が来たりします。モデルも来ます。舞い上がったあなたは飲み会にもガンガン参加します。そして深夜の西麻布で毎夜飲み明かすのです。ここで酒や女に溺れ、次の段階に行けないバンドもいるでしょう。しかしこれを乗り越えてそういうミーハーな自分にも飽きたあなたには、更に上の段階7が待っています。アリーナワンマンです。もう地に足がついていることでしょう。もしかしたら付き合いの長い彼女がいるかもしれません。アリーナワンマンが成功したら結婚しよう、そんな言葉が交わされているかもしれない。

そしてアリーナワンマンを乗り越え、あなたは段階8を目指すかもしれない。そう、紅白歌合戦。国民的になるにはやはり今でも欠かせないのが紅白。これはもう本当に運、タイミング、実力全てがしっかり揃わないといけません。出られたらもうその先には国民的アーティストとしての道が開かれています。段階9はドームツアー。段階10はドームレベルの維持。

ちなみに良い曲を書くのは前提として、上の段階へ進む障害になるのはバンドマンの女性関係に他なりません。今はSNSの時代。段階6から段階7は頭の良さや多少の我慢が必要になってきます。

バンドマンには夢があります。こんな簡単に書いてますが、本当に大変な世界です。踏み外さないように気をつけながら、良い曲を書いてね、若いバンドマンの皆さん。ちなみに僕は段階8までいきましたが、一度落ち、最近また順調に登って来ました（長かった）。というか、この段階レベルも本当はもっと細かく分かれてるので、ツッコまないでね。全部個人的な意見だからツッコまないでね。あと別にどの段階だろうが、好きな音楽が作れてそれで食べていけたら十分なんだよ。僕も紅白出た後に色々あって、バンドが存在していることだけでも奇跡だと思うようになった。

一番大事であり難しいのはバンドを長く続けること。なんだかんだでもうすぐ15年。20年、30年続けていくためにもバンドで良い曲書き続けるぞ。バンドマンだからね。

新大久保に優しくできない

東京は思ったより丸かった。山手線の路線図を見ながら、ガーリンの「地球は青かった」という名言を心の中で引用する。山手線で新宿からひと駅、新大久保という僕の第二のホームがある。ＢＴＳの世界的ヒットもあって第3次韓流ブームがきていると言われているが、新大久保に来るとそれを実感する。右を見ても左を見ても韓国料理屋さんや韓流グッズ店が並び、韓国風メイクをした若い女性が行き交う。

僕は駅を出るとイヤホンを着け、今日レコーディングする曲のデモの再生ボタンを押して毎月のように通うレコーディングスタジオまで歩く。駅前の交差点に聳え立つパリミキの眼鏡を店の外から眺め、チーズの伸びをこれでもかと強調したホットドッグ的な何かの香りを吸い込みながら新曲のリズムに乗る。このスタジオまでの徒歩10分程の時間が僕は好きだった。まだ誰も聴いたことがない新曲を雑踏の中で浴びる森林浴ならぬ音心浴。この時間にレコーディングのイメージトレーニングをする。ここのキメはこうやって弾こうとかギターの音は少しクランチ気味のクリーンにしようとか。おっ、一番盛り上がるサビがきた。その時はいつも「人混みに紛れた〝天才〟がここにいるのに誰も気付かない」なんて思いながら映画の主人公になった気でいる。騒々しい街も僕の音楽には敵わない。この曲と僕以外はエキストラだ。無重力になったやけに静かなコリアンタウンで、唯一流れる旋律に身を任せ、主役の表情を作る。ああ、今僕は曲に包まれながら浮いている‼　無敵だ‼

「ピコン」

その無機質な音を合図に身体は重力に従順になった。Ｂｌｕｅｔｏｏｔｈイヤホンの充電が切れたのだ。無敵タイムはあっけなく終了。チーズの香りに咽せそうになる。さっきまで静かだった街が産声を上げる。何もかもがうるさい。音楽がない僕はもう新大久保に優しくできない。地面を乱暴に蹴りながら競歩のスピードでスタジオに向かった。その日はいつもより良いテイクが録れた。何でだ。

そんなでかい布

僕は週刊誌や数々のメディアに追っかけられていた時期がある。理由はググれK……。まあこれを読んでる方はわかるでしょう。

追っかけられる、というのは比喩ではない。文字通り追っかけられるのだ。2016年、代々木公園でゲスの極み乙女のアルバム発売記念フリーライブを行った時、報道陣200人、カメラ100台（もしかしたら数字違うかも）という、とにかくとんでもない数のメディアが集まっていた（当時ってそんなに他のニュースなかったのか?）。感覚としては、ライブというよりは見せ物に近い。悪意に満ちたヤジや嘲笑の目が常に投げ込まれ、ファンも心から楽しめず、落ち着かない目線をステージに向けていた。

僕も僕でライブをやる精神状態ではなく、ライブ中もどこかうわの空で、どうやっても上手くいかない夢の中でずっともがいていた。ライブが終わった後、報道陣を避け、メンバーと裏から車で会場を出たのだが、ここからカーチェイスが始まった。明らかに追跡してくる車5台にバイク10台。小道に入ろうとも常にバイクに囲まれ、どうやっても逃げられない。というか僕は何から逃げていたのだろうか。今になってみるとよくわからない。犯罪者でもないのに捕まったらどうなるんだ？　まあインタビューされたり、写真を撮られたりするだけなんだろうけど、当時は何がなんでも逃げないとやばいと感じるくらい、追っ手の数と勢いが凄かった。

２０１６年は、どのチャンネルを付けても朝から夕方まで僕のニュースを取り扱っていた。毎日僕の曲が流れ、コメンテーターに断罪され、全く認知していない地元の同級生が「昔から嫌な奴だった」などと答えている映像が垂れ流されていた。僕が部屋で毎日ひとりで泣いている、という誰から聞いたのかわからない嘘ニュースを長々と流しているワイドショーもあった。妄想がお金に変わっていく瞬間をリアルタイムで見ていた。余程、視聴率と週刊誌の売上が良かったのだろう。追ってくる方も必死な訳だ。

カーチェイスに話を戻すが、僕たちが乗った車は前と後ろから挟まれ、ついに動けなくなった。早く降りろという罵声が聞こえる。車やバイクに乗った追っ手の人たちはどう考えても普通の人ではなく、どこかのメディアに雇われているそれ専用の人たちだった。常に暴力的な言葉を放ち、交通ルールは当然全部無視していた。僕はメンバーと一緒に車を降りて走って逃げた。情けない姿だったし、メンバーにも申し訳なかった。近くの仲が良いライブハウスに避難し、駐車場で違う車に乗り換えた。出口はバレているため、また見つかるのは時間の問題だったが、どうにか一旦振り切り、また違う駐車場に車を停めた。僕だけ待機していたワーナーミュージック・ジャパンのスタッフの車に乗り換え、メンバー車を囮《おとり》にこっそり出発した。追っ手はメンバー車を追ったため、僕はどうにか逃げ出せた。

当時、家の前には常に報道陣や記者がいたため、自分の家には帰れず、神奈川に住む叔母の家に泊まっていた。神奈川に向かう車を運転してくれたワーナーのIさんとは初対面だったが、映画ばりのカーチェイス劇に興奮状態にある僕とそれに当てられたIさんは、出会ってすぐに固い絆で結ばれていた。僕らはバディーだ、という空気が車内に漂い、1時間ほどで叔母の家に着いたが、今生の別れかと思うほど互いに感情的なさよならを言い合った。

それ以来あまり会う機会はないIさんだが、たまに会うたびにバディーだった記憶がいまだに蘇る。数年後にIさんは結婚し、僕は結婚おめでとう動画を撮ることになるのだが、このカーチェイスエピソードは当然のように入れ込んだ（めでたくはないが）。この逃亡劇は何年経っても忘れることはないし、他にも数年に渡り、何十回とカーチェイスを繰り広げたのでこの手の話はいくらでも書ける。全てが心の中にまで深く残っていて、当時のメディアの過熱具合の凄さを思い知る。

　中でも覚えているのは四国での布事件だ。先程書いた逃亡劇のちょっと後、ゲスの極み乙女の全国ツアーが始まったのだが、初日公演である香川県高松市にあるライブハウスでその事件は起きてしまう。ツアー初日ということもあり、どうにか僕の姿を捉えようと報道陣１００人、カメラ50台（たしかそれくらいだった気がする）がライブハウス前にスタンバイしていた。高松にこれだけの数のメディアが来たことはあったのだろうか。信じられない光景だった。スタッフに守られながらフラッシュ、ヤジ、質問を浴び、僕は無言でライブハウスに入った。「健太く～ん」と笑いながら僕の本名を叫び、写真を撮っていた記者は絶対殴る。

　まともなメンタルではなかったが、ライブをなんとか終え、満身創痍で帰り支度をしていた。夜になっても、まだたくさんのメディアが待ち構えているらしく、今出るのは厳しいとスタッフに言われた。しかし、いつまでもライブハウスにいる訳にはいかない。そこでスタッフは、ダミーでメンバーが車に乗ったように見せかけて、メディアを引きつける作戦を提案してくれた。

　要は、僕らではない人が先に車に乗り、その車を発車させ、メディアがそれを追いかけたところで僕らは別の車に乗って会場を出るという内容だった。ただ、僕らではない人がライブハウスを出たらその時点でバレてしまう。

「すぐバレるんじゃ？」と僕は、そのガバガバな作戦に疑問を呈した。スタッフは「その疑問、待ってました！」と言わんばかりに「ふふっ」と笑みを浮かべ、こう言った。

「トンネルを作ります！」

ん？　トンネル？　「ショーシャンクの空に」的な脱獄？

あれ20年くらいかかってなかった？　掘るの？　え？

それらの疑問が凝縮された結果、僕の口から出たのは「はい？」だけだった。

「大丈夫です。でかい布をスタッフ全員で持って車の入口まで筒状の道を作ります。いわゆるトンネルです。足元だけ外から見えるようにして、ダミーのスタッフが先にその道を通って車に乗れば、みんな騙されるはずです!!」

やりたいことはわかったが、そんなでかい布があるのかは疑問だった。しかしライブハウスの入口はひとつしかなく、その提案に乗るしか方法がなかった。それに少し別種の興奮も覚えていた。また映画みたいな逃亡劇、しかも今回はダミーのメンバーにメディアが騙されるという追加コンテンツ付き。その時の僕は感覚が麻痺していて、逃げる、というある種のゲームを楽しんでもいた（逃げる理由もよくわからないのに）。

僕らは楽屋で弁当を食べながら、作戦の進捗報告を待った。しばらくするとスタッフが戻ってきて、「メディア、いなくなりました!!」と言った。

「え？　作戦成功？」

「成功しました!!」

本当に？　布でトンネルを？　信じられなかったが、とりあえず僕らは楽屋で祝杯をあげた。かなり警戒していた僕らだったが、スタッフに「大丈夫ですから」と何度も言われ、結局堂々と会場を出た。

本当に誰もいない。凄い、できれば布トンネルの実物を見たかった。どんな布を使ったのだろう。気になってスタッフに聞いたが、「よくあるやつですよ」としか言わなかった。そんなでかい布、よくあるのか？　疑問はあったが、とにかく無事に出られて良かったという安堵感と作戦成功の喜びにかき消された。その日はよく眠れたことを覚えている。

次の日の朝、ホテルでテレビを付けるとどこかの空撮映像が映っていた。辺りは暗く、建物の入口にはブルーシートがかけられ、物々しい雰囲気の映像が流れている。殺人事件だろうか。空撮するほどの事件、よほど猟奇的な内容なのだろうか。しかしその映像が建物に寄った時、僕の頭は混乱した。

ん？　なんかこの建物見覚えある……。ていうか昨日いたライブハウスじゃね？　え、テレビ画面の右上のニュースの見出しに自分の名前が書いてある。あれ、自分の曲が流れてる……！

点と点が繋がった。いや、布とブルーシートが繋がった。川谷絵音率いるゲスの極み乙女は、ブルーシートを使って姿を隠して脱走した、とキャスターが何度も言っている。初めて聞く言葉だ。ブルーシートを使って脱走など、コナンのトリックでも出てこないだろう。それよりも、僕たちは知らない間に殺人現場のような場所で弁当を食べ、祝杯をあげていたことになる。

このニュースでＳＮＳは大荒れし、

「ブルーシートｗ殺人事件の現場かよｗ」

「ここまでするのは頭おかしい」

「ダサ過ぎ」

「小物感がやばいｗ」

などとネット民大歓喜のガソリンを投入することとなった。火は燃え盛り、なかなか消えることはなく、ニュースは盛り上がり続けた。僕らの逃亡作戦はメディア的には大成功だったことだろう（皮肉っぽく書きましたが、スタッフが僕らのことを考えてやってくれたことに感謝しています）。

どのテレビのチャンネルでもブルーシートの空撮映像が映っていた。一度、心のスイッチとテレビをオフにし、身支度を整え、ホテルの部屋を出ようとした。ドアを開けたその時だ。目の前にどでかいテレビカメラを持った男が立っていた。僕はびっくりし過ぎて「ヒェ⁉︎」と甲高い声を上げた。男は「〇〇〇〇です！」と有名なワイドショー番組の名前を叫び、矢継ぎ早に質問を投げかけた。気が動転し、何を言ってるのかわからず、声が出なかった。僕が何も答えないのがわかると、何故か満足そうな顔で小走りでホテルを出て行った。しかしその映像は使われることはなかった、というか使えなかったのだろう。このエピソードから2016年のこのニュースへの報道の過熱具合が伝わるはずだ。今でもホテルの部屋を出る時、無条件に身構えてしまう癖がある。

あれから8年、僕はまた同じ会場にツアーで来たのだが、テレビで見たブルーシートの空撮映像がまだ頭にこびりついている。当事者だった感覚はなく、特殊な事件の映像として脳が記憶している。

そんなことを考えながら、高松でうどんを食べていたら思い出したことがある。僕はブルーシート事件の日のライブのMC

で、高松の有名うどん店の釜バターうどんがすこぶる美味いという話をした。それをメディアが聞きつけたのか、翌日記者たちがこぞってうどん店の取材に行っていたらしい。その次の日にはほとんどの番組が、ブルーシート映像のリマインドから「川谷絵音さんが食べたうどんはこちらです!」とリポーターが言いながら食レポをする映像に切り替わる構成に変わっていた。

もうなんでもありだ。僕の行動をニュースにするだけで良かった時代があった。平和だった。日本は。通院している病院に突撃してきたり、実家に怪文書を送りつけたり、車で送迎車に体当りしてきたり、色々あったけど、日本は平和だった。でもあの時の川谷青年にひとつだけ言いたい。当時、何にも迷惑をかけていない世間に謝るのなんて意味がわからなかったし、実際そう発言していました(周りの関係者に謝る必要はもちろんあるが)。しかし川谷くん、世間に謝る必要はあります。STAP細胞もあります（本当は存在しないらしいですが）。すぐに謝りましょう。芸能人は世間に謝らないといけない職業です。謝らないのは悪です。謝っていればもっと早く収束したでしょう。まあ、僕が至らなかった部分が多過ぎたということに尽きますね。こんな僕の音楽をいまだに聴いてくれる人がいることに感謝しかありません。「ロマンスがありあまる」という当時最もワイドショーで悪意を持って流された曲も、２０２４年の年末から新たにＣＭで使われることになりました。時は流れる。音楽は生き続ける。頑張らなくてはいけないね。

赤からを食べた日

僕はごく稀に役者の仕事をする。役者と名乗るのも恥ずかしいくらい演技にはコンプレックスがある。

まずリハーサルがちゃんとできない。本番前に同じ演技を同じ熱量でやるということが恥ずかしくてできない。監督はもちろん、カメラさんや照明さん、音声さんなどの技術スタッフの人にとってもリハーサルを本番に近い演技でやる必要があることはわかっている。もちろん自分自身にも共演者にとっても必要なことだ。でもいざやろうとすると、今までどこに潜んでいたかわからない量の〝照れ〟が身体中を駆けずり回る。「本番でちゃんとやるんで……」。全身のくすぐったい感覚が一致団結した時に出る僕の言葉は決まってこれだった。音楽のライブリハーサルにはお客さんはいない。だが本番になるとたくさんのオーディエンスを前に演奏する。リハーサルは抜いて本番は本気でやる。ミュージシャンの職業病とも言える本番至上主義が染み付いてしまっていた。それが理由で数々の役者現場に迷惑をかけた。

もう演技は向いてないから止めようと思っていた矢先、映画の主演のオファーが届いた。「え？　僕に？」。何度も悩んだが、監督からの手紙に書かれた熱い気持ちに答えたくなって引き受けた。将来有望なチェリストがジストニアという病気で夢を絶たれ、市役所で働き始めるという話なのだが、僕も声帯ジストニアを患った時があった。それを監督が知っていた訳ではないと思うが、僕は少し運命を感じた。長い拘束時間や体力、精神面への負担からワーナーのスタッフには止められたが、この機会に演技というものに向き合ってみようと思い出演を決めた。それからは今までぼーっと見ていた映画を演技の観点から見るようにしてみたり、鏡の前で喜怒哀楽の表情を作ってみたりした。しかし演技の前に待っていたのは途方もないチェロの練習だった。バッハの中でも難曲といわれる無伴奏チェロ組曲第6番（サラバンド）の演奏尺は1分もあった。他にも数曲覚えなくてはいけなかったし、奏法もギターとは何から何まで違っていた。先生によるチェロの演奏動画を見ながら、僕は人生の中でトップ3に入るくらいの絶望を感じていた。プロのチェリスト役であることはわかっていたが、手元が映るのなんて一瞬だろうとタカを括っていたのだ。

撮影の2ヶ月前からチェロの練習がスタートした。バンドのスケジュールの合間に先生のレッスンを受け、夜は毎日家でチェロを弾いた。ギターを弾く時間は減り、多分ギターが下手になった。ピックよりも弓を持つ時間の方が長くなった。台本のセリフに向き合う余裕などなく、ひたすらチェロを後ろから抱きしめる毎日。ＹｏｕＴｕｂｅの再生履歴はチェロの動画ばかりになり、この時期好きになったチェリストもたくさんいた。思い返すと豊かな時間だった。クラシックには心を落ち着ける何かが確実にあった。

子供の頃クラシック好きな母親が家で毎日流していた時は嫌いだったが、自分でその旋律を奏でるとその美しさにうっとりする。倍音の美しさの中にある独特な空気感が心臓に触れそうで触れない距離に常にいてくれる。包み込まれた心はゆったりとした呼吸に合わせて振動し、その心の動きに合わせて脳が心地良く波を作って吐き出す。その波がチェロの倍音に混ざって聴こえてくるような感覚のループは、ひたすらに美しかった。自分の魂が弾いた音に乗ってくるような体験は、電気を通さない楽器ならではだと思ったし、チェロの響きを常に身体で直接感じることができて、もはやチェロは身体の一部になっていた。練習期間中、体力的にはかなり追い詰められていたのに、精神的には割と良い方に充実していたのはクラシックのこの美しさ、豊かさ、チェロの背中から感じる温かさのおかげだったと思う。

あっという間に2ヶ月は過ぎ、撮影初日を迎えた。初日から一番長いバッハの第6番演奏シーンだった。最初は上手く弾けていたのに、演奏の途中でジストニアによって上手く弾けなくなり、同じ部分を何度も弾いてしまい、譜面とは違う演奏になるというハードな撮影。上手く弾いたり、感情的に叩くように弾いたりと、かなりの技術が必要とされるシーンで、それに加えて表情も色を付けなければならず、初日にしてクライマックスと言っても過言ではなかった。おまけに観客役のエキストラまでたくさんいた。ただ、演技をするという感覚よりも演奏をするというういつものミュージシャン的な感覚に近かったからか、さほど緊張せずにテイクを重ねることができた。練習の成果が思ったより出過ぎたくらい上手く弾けていたと思う。この時はチェロを一生弾いていこうと思っていたくらいだ。それくらいチェロの魅力にのめり込んでいた僕は、その後に演技に向き合う日々が来ることをすっかり忘れていた。

次の日から武蔵村山での演技パートの撮影が始まった。毎日だいたい朝6：30に新宿に集合してから、スタッフと一緒にバスで現場に向かう。武蔵村山まで1時間以上かかるのだが、慣れない雰囲気を打破するため、共演相手の女優さんに移動中終始爆裂トークを繰り広げていたので到着する頃には疲れていた。彼女もすごく疲れていたと思う。申し訳ない。「移動でこんなに話す役者さんはいない」と笑いながら何度も言われた。爆裂トークのおかげですでに打ち解けていたので、演技にも入りやすいはずだと思っていたが、逆に女優さんの演技スイッチの切り替えに圧倒された僕は、さっきの雰囲気はどこに？などとアホみたいな表情をかましていた。

冒頭に書いたが、僕はリハーサルができない。そう、今まではできなかった。ただ、撮影が進むごとに照れは減っていき、リハーサルに本番と同じ気持ちで臨むことができるようになってきた。今まで長い役者現場を経験したことがなかった僕にとって、音楽現場に戻ることなく、演技の日々を連続で過ごせたのは感覚の矯正になった。そしてみっちり3日間の撮影を終え、もちろん反省の方が多かったが、気持ちは充実していた。今なら良い演技ができそうだ。

そう思っていた僕だったが、次の撮影までは1日空くことになっていた。ジェニーハイ×yamaのMV撮影が入っていたからだ。そして不運なことに僕は一瞬音楽現場に戻ったことで、次の映画撮影日にしっかり照れを取り戻してしまう。市役所での撮影が始まり、役者の数もエキストラの数も増え、なによりセリフの量が増えた。圧倒的に演技経験がない僕は役者の皆さんに劣等感を感じてしまい、照れ×劣等感の掛け合わせでリハーサルが体感3割くらいの演技力になっていた。モニターでプレイバックを見るのも恥ずかしかった。そのままの気分をしばらく引きずっていたが、5日間撮影が続いたので、気付けばまた照れはいなくなっていた。結局どれだけ現場に身を置くか、それに尽きる。慣れない早朝からの撮影の日々に疲労は溜まっていたが、家に帰ってからチェロを弾くことで精神的に癒されていた。その後もライブが入ったりでまた照れが見事に復活したりしたが、照れが減る速度も速くなっていった。最後の1週間の長野での撮影は、僕にとって一番長い連続役者現場で、演技の面白さも、監督やスタッフと意見を交わしながら一緒に作品を作る楽しみも知った。演技に対する反省は無限に出てくるが、主演映画を1本作れたことは自分にとってかけがえのないものになった。

ただ、ひとつどうしても後悔がある。撮影中、顔が浮腫まないように夜は炭水化物を取らないようにしていた。一番浮腫まない食べ物は何だろうと思い、何故か鍋に行きついた僕は高い頻度で赤からの鍋を食べていた。それが何より失敗だった。スープに塩分がめちゃくちゃ入っていた。試写会で初めて作品を見た時、赤からを食べた日のシーンはすぐにわかった。笑っちゃうくらい浮腫んでいた。というか笑った。撮影中はあまりプレイバックを見ていなかったので気付いていなかった。びっくりするくらいパンパンだった。頬と瞼がお互いの圧力で押し合い、それを合図に顔中が喧嘩し合っていた。照れがどうとか、劣等感がどうとかじゃない。そもそもパンパンに浮腫んでいたんだ、僕は。演技と向き合う前にパンパンに向き合わないといけなかった。

僕は浮腫に敏感になり、どんな撮影も全て終わってから赤からを食べるようになった。デンキバリブラシという美容ブラシをデンキバリブラシ2.0に新しく買い替えた。暇があれば鎖骨の凹みを指で押すようになった。僕の美容意識は上がり、演技のことは忘れた。レンタルしていたチェロも返却し、YouTubeの再生履歴は美容とゲーム配信とお笑いばかりになった。役者をやった1ヶ月は幻だったのかと思うほど音楽漬けに戻り、年末の今年のベストバイ企画では美容ブラシや美容品を紹介する意識高い系ミュージシャンに変貌した。それに対する〝照れ〟は驚くほど出なかった。

あっでも演技はまたやりたい気持ちはあるので誰か誘ってください。

あのスフレチーズケーキ

僕はｉｃｈｉｋｏｒｏというインストバンドをやっている。メンバーは6人だが、中心にいるのはｉｃｈｉｋａくんというメンバーで、海外雑誌の「史上最高のギタリスト100選」にも選ばれているスーパーギタリストだ。アメリカに行けば空港の税関に「おお、イチカ‼」と騒がれてしまうくらい海外で有名で、彼のＳＮＳは世界中で拡散され、最近ではシャネルのショーの音楽まで担当している。

今、彼とバンドをやっていることにも直結してくるのだが、彼を最初にフックアップした有名人は多分僕だ（偉そうにごめんなさい）。まだ有名ではなかった彼のギタープレイをＳＮＳでたまたま目にし、すぐにＤＭを送った。当時、僕が作っていたドラマの劇伴にギターを入れてもらったのがキッカケで、それがそのままバンドになった。それから：ｉｃｈｉｋａくんはあっという間に有名になり、現在ＹｏｕＴｕｂｅは２７１万人、：ｉｎｓｔａｇｒａｍは１２２万人というとんでもない数字を叩き出している。１人でギター１本持って世界中を飛び回り、セミナーやライブをこなし、海外ミュージシャンたちと曲を作ったりと多忙な日々を送っている。そして僕も他のメンバーもそこそこ忙しい人間なので、：ｉｃｈｉｋａのライブをやる機会はすごく少ない。年に１回あれば良い方だ。

しかし、２０２４年は：ｉｃｈｉｋａくんの海外人気にあやかり、中国で３公演の初海外ツアーをやれることになった。渡航に関してスタッフから、ビザ申請の複雑さを説明され、指紋を取りに朝から有明に行った時には心が折れかけたが、なんとかビザも取れた。渡航前日には旅のしおりが送られてきて、そこには「英語のＴシャツは着るな」「基本キャッシュレスなので中国の決済アプリを入れろ」と最初に書いてあった。そんなの簡単だわ、と思いながら荷造りをしていた僕だったが、すぐに気付いてしまった。英語が書かれてないTシャツがほとんどない。でもしょうがないので問題なさそうな意味のものを選ぶ。ハーゲンダッツのロゴT、これは大丈夫だろうと思いつつ、一応「ハーゲンダッツ　中国」で検索する。最初に出てきた記事をクリックすると、ハーゲンダッツの工場はアメリカ、フランス、日本にしかないため、中国のハーゲンダッツは輸入品で値段が高いと書いてある。だ、大丈夫か？　まあ大丈夫……か。大丈夫の基準は1枚目のTシャツで、すでに曖昧になってきていた。そのまま記事をスクロールしてみると、アイスの消費量が1位なのはニュージーランドだと書いてある。そうなんだ、初耳だ。値段も日本と同じくらいらしく、あれ？　ニュージーランドも輸入じゃないの？　消費量が多いから安いのか？と、色々気になり始めてきた。まだ荷造りはTシャツ1枚目である。中国にはハーゲンダッツ火鍋があるという記事まで読み漁ったところで、スマホを閉じた。２枚目以降は何も考えずにスーツケースにぶち込んだ。

次は決済アプリだ。しおりに書いてあるアプリを入れ、クレジットカードの番号を打ち込むも、何故かエラーになる。何度やっても違うカードを入れても弾かれる。心は折れていた。アプリは諦めて家にあったハーゲンダッツを食べてみる。明日からの不安が甘さで溶けてしまいますように。中途半端な渡航準備を終え、投げやりにベッドに倒れ込んだ。

当日朝８：30に羽田に集合した。まずはチェックインをし、大量の機材を預け、保安検査を受ける。ありえないくらい遠い搭乗口に着き、時間まで座って待っていた。喉が渇いたので近くの自販機で水を買おうとしたら、先客がいた。おそらくヨーロッパ系の外国人のおじさんで、５００円玉を入れるも、何度も吐き出されている。多分５００円玉は使えない仕様の自販機だろうなと思い、声をかけようとしたが、彼はその前に諦めてその場を離れてしまった。

可哀想だなとは思ったが、追いかける体力もない。搭乗口がありえないくらい遠かったのだから。僕は華麗に交通系のキャッシュレス決済をタッチし、水をゲットした。いつもよりタッチの時の動作が大きめだったかもしれない。こんなことに優越感を覚えるほど僕の心は痩せ細っていた。中国に行けば、僕だってキャッシュレスを使えないのに。日本最後のキャッシュレスを噛み締めながら飲んだ水は美味かった。

飛行機に乗り込み、広州へ飛び立った。約4時間45分のフライト。意外と長い。3列シートの窓際に座り、あらかじめダウンロードしていた漫画を読む。しばらくするとシートベルト着用ランプが消灯し、ウェルカムドリンクを持ったCAさんが現れた。僕は「ウォーター」と巻き舌を使って発音良くオーダーした。紙コップに注がれた無機質な水がテーブルに置かれ、これまた無機質な機内食が運ばれてくる。通路側のアメリカ系の女性がＣＡさんから受け取って僕に渡してくれる。「テンキュー」そう言いながら僕はもう外国にいることを実感し、英語を話している自分に少し酔い始めていた。その時だ。機内食をテーブルに乗せた弾みで紙コップが倒れ、水を全てこぼしてしまった。幸い自分のズボンにしかかからなかったが、隣の2人にも「ソーリー」と声をかける。僕は英語を話しているんだ。すると通路側の女性がティッシュを渡してくれて、またもや僕の「テンキュー」が炸裂する。しかも今回は「オー、テンキュー」である。僕は英語を使えているんだ。それから30分ほど経ち、隣の席の中国系の女性が窓を指差しながら、閉めてもらえないかのジェスチャーをしている。「ヤー」僕はイエスではなく、簡略化した英語も使えることを見せつけながら窓を閉めた。僕は英語を操っているんだ。

漫画を読んだり、うとうとしたりしているうちにあっという間に広州に着いた。長い行列に並び入国審査を終え、機材を受け取って外に出た。そこに現地のプロモーターの人が待っていた。名前はウォーター。僕が巻き舌で発音していたウォーターである。彼は中国人で、英語と中国語のバイリンガルだ。基本的に僕たちとの会話は英語になるということだった。「ウォーター、ナイストゥーミーチュー」。僕はウォーターと握手し、しっかりと巻き舌も披露した。しかしそのあと・ichi・kaくんが流暢な英語でウォーターと会話を始め、全くついていけなくなった。世界中を飛び回る彼が英語を喋れない訳がないのだが、いざ喋っているのを聞くと自分の情けなさが浮き彫りになる。中国に着いてからはウォーターと・ichi・kaくんが会話をし、・ichi・kaくんが日本語に通訳してくれる流れができていた。僕は何故か持っていた英語への自信をすでに失い、ウォーターを呼ぶ時の巻き舌も止めた。

それから英語を喋ることを避けていた僕だったが、中国でのライブは日本語がかなり通じた。MCを日本語で喋っても多くの人が理解してくれる。英語を話せなくても、中国語を話せなくても異国の地でコミュニケーションが取れることに感動した。何故かi・c・h・i・k・aくんは関西弁ばりばりの日本語でMCをし、少しスベっていた。

ライブの盛り上がりは国内の比ではなく、インストバンドで歌がないにもかかわらず、一音一音に歓声が上がった。ライブ後、プロモーターのウォーターも「i・c・h・i・k・o・r・oは最高にクールだ」と何度も言ってくれていた。おまけにご飯も美味しく、ライブのケータリングも凄かった。大量のフルーツに200個以上ある餃子、パン、サンドイッチ、寿司、30個のチーズケーキ。食べ切れない量の食べ物が楽屋中に置かれていた。またすぐにでも中国に行きたい。あのスフレチーズケーキ、また食べたい。そう思えた。

広州、深圳、上海の3ヶ所とも大熱狂で、大成功と言っても過言ではない初海外ツアーになった。唯一起きた問題といえば、広州のホテルの部屋で朝9：30に突然爆音で中華風の音楽が流れたことだ。あまりの轟音で身体が揺れているかと錯覚したほど。部屋に何故かついていたスピーカーから約5分間流れ続け、僕の眠気を吹き飛ばした。軽いパニックになり、しばらく部屋をうろついた。目覚めは最悪だったが、予想外にできた朝の時間を有効に使い、曲作りは捗った。結局英語のTシャツは何の問題にもならなかったし、スタッフさんが必要なものは買ってくれたので決済アプリもいらなかった。そして、あのスフレチーズケーキは絶品だった。

上海のライブハウスでトイレに行こうとしたら、ちょうど出てきた日本の地下アイドル風の子に「お疲れ様です」と言われた時、何故か強烈に日本を感じてホームシックになったが、その瞬間以外は中国に馴染めていたと思う。

帰国してからは、以前よりも「お疲れ様です」という日本語のそこはかとない優しさを身体で感じるようになった。海外ツアーを経て、何故か日本語の奥深さを知り、英語が下手になった僕は、今日も移動中にエッセイを書いている。そして「お疲れ様です」と自分に言ってあげるんだ。

追記：朝の爆音ミュージックは太極拳のためのものだったらしい。ウォーター談。

みほ界の1位

　この仕事をしていると有名人と出会う機会が多い。何年か前、ファッション業界の友達と飲んでいる時に、人脈オバケの先輩から「渋谷のカラ館で飲んでいるから来ない？」と連絡があった。カラ館に着き、部屋を開けると先輩が座っていて、隣にイケメンの外国人が爽やかな表情で鎮座していた。先輩に挨拶をして、隣のイケメンに名前を聞くと、「僕はハリーだよ」と。ハリーか、まあポピュラーな名前で覚えやすいなと思ったのだが、よくよく顔を見てみると「あれ？　ワン・ダイレクションのハリー・スタイルズじゃね？」

　案の定本物のハリーだった訳で、そりゃ歌も上手い。「タイタニック」の有名な曲を熱唱していた。何故だかわからないが、この光景がデジャブだった。嘘みたいな出来事の方がデジャブに感じるのは一体何故だろう。夢で見たんだろうか。その謎を解明すべく僕はアマゾンの奥地へと向かうはずもない。

僕も一応歌手なのでその時得意だったRADWIMPSの「なんでもないや」を歌うと、上手いじゃん！　とハリーに言われ、バシャバシャ動画を撮られた。最後はハグをし、ユーミンの「ひこうき雲」を2人で歌った。ハリーは全く知らなそうで多分勘で歌っていた。流石にうろ覚えのユーミンにはデジャブを感じなかった。その謎を解明する必要性も多分ない。

そんな謎の会の数日後、千鳥のノブさんとアイナ・ジ・エンドちゃんと新年会をすることになっていた。最初は3人でという話だったが、新年会だしと思い、もう何人か僕が勝手に呼ぶことにした。1人目はニガミ17才というバンドのシンセサイザーを担当している平沢あくびちゃん。あくびちゃんが来ることは2人にも事前に伝えた。あと中山美穂さん、岡村靖幸さんを呼んだ。ノブさんには飲み会の1時間前に「みほさんと岡村ちゃん呼びました」とだけLINEをしておいた。「あれ？　僕会ったことありましたっけ？」とノブさんからきたので「会ったことないかもです！　でも楽しい2人なんで！」と返信しておいた。

そして当日、最初に岡村ちゃんが来ていて、そこにあくびちゃん、僕の順で到着。そのあとノブさんが来たのだが、「え？　岡村ちゃんて岡村靖幸さん？」。お笑い業界のノブさんからすると岡村ちゃん＝岡村靖幸さんという脳内変換にならないらしい。最初はナイナイ岡村さんが来るのかと思ったが流石にちゃん付けしないだろうという考えになり、誰が来るか全くわかっていなかったらしい。あくびちゃんには勿論何も言ってなかったので突然のレジェンドの登場に戸惑っていた。そんな絶妙な空気感の中で中山美穂さん登場。ノブさんの第一声が「え？　みほさんって中山美穂さん？　みほ界の1位やん！」だった。当然のことながらみほさん＝中山美穂さんという脳内変換は成立しなかった。僕がその立場でも絶対に成立しないだろう。

みほ界の1位というパワーワードに岡村ちゃんが何度も笑っていたのが印象的だった。当然あくびちゃんは困惑していた。ちなみにノブさんは「みほ」という名前の女子大生でも来るのかと思っていたらしい。そんな訳ない。いやそんな訳ないとも言い切れないか。そして空気感の絶妙さが際立ってきた最中、アイナちゃんが登場。〝岡村ちゃん〟というワードも〝みほさん〟というワードも伝えてなかったアイナちゃんは目を丸くしながら小声で「え?」と言っただけだった。本当に驚いた時は小声になるのが人というもの。ただ空気感というのは慣れるものでその後は大先輩方の話や、プライベートでも光るノブさんのツッコミに唸りながら酒が進んだ。

2次会はカラオケ付きのスナックに行き歌いまくって良い気分で帰った。そういえば帰る前くらいに岡村ちゃんが独り言で「みほ界の1位……」と微笑んでいるのを僕は見逃さなかった。


みほさん、生前はたくさんお世話になりました。みほさんがカラオケで歌うシャンソンが大好きでした。たくさんの思い出をありがとうございます。ご冥福を心よりお祈りいたします。

やっぱすっきゃねん

ミュージシャンというのは人にもよるが、テレビに出ている有名タレントに比べたら街中で顔バレすることは少ない。たまたまファンがいたらバレる可能性は高いが、確率は低い。ただ、僕はゲスの極み乙女のメンバーである休日課長と一緒にいると何故か高確率でバレる。身体がデカいヒゲ眼鏡と細長いマッシュの組み合わせイコールゲスの極み乙女に変換されるのだろうか。たまに課長がベースを担いでいることがあるのだが、その場合9割バレる。一時期テレビに良い意味でも悪い意味でも映りっぱなしだったので不思議ではないのだが。

バレた時、「ファンです！」と言ってくれる人もいるが、特に多いのは「ああ、〝あの〟ゲスの……」という反応。〝あの〟

に含まれたちょっとした悪意に毎回辟易するので、完全にはバレてない時、例えば「もしかしてバンドやってますか？」みたいな質問には「やってないです」と答えるし、「ゲスの人に似てますよね？」みたいな質問（よくある）には「よく言われます〜、全然違うんですけどね〜」と答える。一回否定すると大体の人はそれ以上言ってこない。たまに「でも本物ですよね？」みたいにめげない人もいるが、そんな時は「すみません、時間ないんで」と言ってその場を離れる。明らかにファンの人にはちゃんと対応するが、どう考えてもファンじゃない人は一瞬でわかるので、どうにか逃れる手段を取ることが多い。

ただ、この逃れる手段を取れない場合もある。そう、タクシーだ。タクシーの運転手さんに話しかけられた場合、目的地に着くまで逃げることができない。つい先日、ライブのために京都に行った。僕と課長は前乗りで、2人で美味しいご飯を食べるという毎回のルーティンがある。京都駅に着いて、目的の中華料理屋さんまでタクシーを使うことにした。駅のタクシー乗り場の先頭で待っていたタクシーに目で合図を送る。課長がベースを担いでいたので、運転手のおじさんが降りてきてトランクに入れるのを手伝ってくれた。僕は先に乗り込み、課長はベースを入れ終わってから乗った。中華料理屋さんの住所を伝え、気の良さそうな運転手さんが「ああ、ここね！」と言い、タクシーを発車させた。感じの良い喋り方と声のトーンだった。当たりのタクシーだなと思ったその時だった。

「お客さん、あれギターやねぇ。音楽やってはるんですか？」

左斜め後ろをチラ見しながらいきなり課長に初手を放つ。まさかの飛車でガンガン攻めてくるタイプの人だ。ていうかあれベースだけどな。

「ああ、まあ軽く……」

課長も逃げの一手を放った。序盤から玉を逃がしている。

「軽くなんですか？　お兄さんがギターで……隣のお兄さんが、

ボーカルやんね？」

不意打ちで僕に放たれた角の通り道。角交換するか？　しないか？というか、その前に僕らはB'zみたいなユニットだと思われているのだろうか。

「ああ、まあそんな感じですかね……」

角交換をしてやるよ、いくぞ７四歩。

「有名な人ですか？　僕あんまり詳しくなくてねぇ、ハハハハ」

これは……自分からは角交換しないパターン。委ねてくる打ち方……！

「いやぁ、全然ですよ……」

控えめな否定をしつつ、様子見だ。課長はもう心ここに在らずで、何故か僕に全てを任せている。

「ほんまですか？　僕ね、この前ね、芸人さん乗せたんやけど全然知らんくてね。でも名前聞いて調べたらテレビぎょうさん出とってねぇ。せやから名前だけ聞いといてもええかな？」

角交換してきた。というかこの例え将棋わからない人もいるよね。わかってる人も何手か飛ばしてるやんとか色々ツッコミどころあると思うので止めます。いきなり始めていきなり止めます。

名前か、どうしよう。言いたくない言いたくない言いたくない。

「いやぁ、名前とかはねぇ？」

課長の方を見るが、もう目を閉じている。おい、マジかよ。

言いたくないけど、なんかこの人諦めなさそうだから言うか？

「うーん、まあでも、名前聞いたら知ってはいるかも……ですね」

〝ゲスの極み乙女〟、音楽は聴いたことなくても名前はテレビで散々流れていたので知っている可能性は高い。２０１６年から約1年半、一種の社会現象並みに「ゲス」という言葉が氾濫していた。おじさんの年齢は多分50歳くらいだろうし、テレビを見る世代のはずだ。ワイドショーで耳にしたことは確実にあるだろう。

「そんなん絶対有名ですやん。教えてほしいなぁ」

バックミラー越しにキラキラしたおじさんの目がこちらを見ている。

「まあ名前は知ってると思いますよ」

ただ、言えば「〝あの〟ゲスの」のワードが飛び出すかもしれない。その後の勝手に気まずくなるあの空気は何回浴びても慣れない。変に気を遣わせる時もあれば、答えたくない質問を浴びせてくる人もいる。でもこの名前を言わないという空気にも限界がきていた。

「知ってますよね……ゲスの極み乙女です」

ついに言ってしまった。あのワードだけは止めてください。

変な質問も止めてください。お願いします神様。

「え？　知らんなぁ……」

え？　え、えー！　まさかの知らなかったー！　嘘ー！　めちゃくちゃ恥ずかしいんですけどぉー！　知ってると思いますよ、とか言っちゃったじゃん！　マジかよ……恥ずかし過ぎる。何故か選択肢に入れていなかったパターンが来てしまった。よく考えたら知らないパターンもあるよな。だったら言わなきゃ良かったし、嘘もつけたし、なんなら知らないと思いますけど、って言ってから言えば良かった。恥ずかしい恥ずかしい恥ずかしい。横を見たら課長が笑っている。

「あっ……そうですよね〜！　知らないですよね〜！　すみません、忘れてください！」

「いやいや！　僕が無知なだけやろうなぁ。なに？　ゲスの？　なんやったっけ？」

もう一度言わなきゃいけないのか？　恥の上塗り……。

「ゲスの……極み……乙女……です」

「ゲスの極み？　凄い名前やなぁ！　ハハハハ！　あとで調べて聴きますわ‼」

その後は運転手さんの一番好きな音楽がやしきたかじんさんであることがわかり、本人を一度乗せたことがある自慢を長々と聞かされた。その間も2分置きくらいに「そんでさっきの名前なんやったっけ？」と聞かれ、そのたびに「ゲスの極み乙女です」と答えるループを繰り返した。目的地に着き、降りる時にまた「名前なんやったっけ？」と2分間しか記憶が持たないおじさんの質問が炸裂し、「ゲスの！　極み！　乙女！　です！」と僕は絶叫した。ライブより声が枯れた。

「すまんなぁ、何度も聴いて。帰ったら聴きますわ！」。そう言って走り去って行った。課長がギターで僕がボーカルのユニットだったら売れなかっただろうな。そんなことを思いながら中華を食べた。食べたかった目当ての餃子は売り切れていた。ホテルに帰ってやしきたかじんさんを聴いた。

「やっぱすっきゃねん」

歌詞の「あんた　よう忘れられん」が響く。名前、もう忘れないでね。多分忘れてると思うけど。

エルモの夏

「夏は好きですか？」

僕はその質問に上手く答えることができない。毎週末夏フェスに出演し、何かしらのツアーが重なることが多いこの季節は、仕事の記憶で埋め尽くされているからだ。好きっちゃ好きだけど夏休み的な感じは全然ないしなぁ、なんて歯切れの悪い答えになる。だから夏フェスシーズンも終わり、暑さも和らいでくるいわゆる夏の終わり、目を閉じたら森山直太朗さんの声が聞こえてきそうな、9月後半くらいの季節、それなら僕は好きだ。大多数の人はこれくらいの時期にはもう夏の思い出を作り切ってるとは思うが。あっ、今度はケツメイシが聞こえてきそう。

まあそんな僕もね、数年前はもうちょっと休みがあったんだよね。だから夏の思い出くらいいくつかあるんです。ＢＢＱ？　花火？　ひと夏の恋？　海の家でのバイト？　皆さんどれかひとつくらいの経験はあるでしょう。ただ忘れてはならない。この中にない選択肢を。そう、合コンだ。

平成最後の夏、僕は合コンに3回も行った。結果的に。言い訳するつもりは毛頭ないのだが、合コンに行くはずではなく飲み会に行くと合コンだった、ということが3回もあったのだ。そもそも合コンと飲み会の違いは何なのか。「合コン　定義」でネット検索をしたところ「合コンとは合同コンパの略で、本来は2つ以上のグループが合同でするコンパを意味するが、多くは男性と女性のグループが交流を持つ会のことを指す。合コンの多くは男女それぞれ同数で行われる。仕事やサークル、旧友といった異性の知人（友人）を発端にし、双方が人数を調整して行うものが多い」と出てきた。まあでも結局は男女が恋愛関係に発展する目的で参加する飲み会が合コンな訳だ。僕は恋愛を求めて飲み会に行った訳ではないが、行った先がそういう場だったのだ。

まず初回。僕は男友達に飲もうと言われ、西麻布といういかにもな場所にあるお洒落な飲み屋さんに向かった。入るとすでに男3人、女4人がいた。僕が入ると4：4。ん？　これはもしや、と思ったが僕は笑顔を作り席についた。ちなみに男は僕の友人A（同じアート作家が好きで意気投合した投資家）、初対面のB（建築士でAの友達）、休日課長（ゲスの極み乙女のベース）だった。そして女子はCさん（テレビのキャスティング）、Dさん（カープ女子1）、Eさん（カープ女子2）、Fさん（バイオリニストとカープ女子3兼任）だった。ほとんどカープ女子やん。しかも話しているとCさんもカープ女子ちょっと入ってるし。全員カープ女子やん。

まあそれは置いといて、いきなり自己紹介タイムが始まった。この時この飲み会は合コンであることを確信した。僕はＩＴ関係の鈴木という嘘をついたが、そのあと課長がゲスの極み乙女でベース弾いてますと言ったことで、僕はバレバレの嘘をついたヤバい奴としてその後認識されることになる。話はほとんどカープの話だった。6年間彼女がいない課長にパスを出すことに専念した僕だったが、カープについての知識がなさ過ぎて全て空回りに終わった。僕がついたバレバレの嘘に乗っかった女子に僕はひたすら鈴木さんと呼ばれ、終始弄られて合コンは終了した。帰宅した僕は広島東洋カープについての情報を読み漁ったものだ。試合見に行こうかな……。そんなこんなで終わった初回だが、実は初対面の建築士Bと仲良くなり、また飲もうということになった。

それから程なくして建築士Bと飲むことになり、僕は課長を連れて麻布十番というこれまたいかにもな場所にある飲み屋に入った。個室に入るとまだ誰もおらず8個の皿が置いてあった。ん？　これはまさか……僕の合コンレーダーが微かに反応した。

10分後、初回にもいた投資家の友人Aが入ってきた。友人Aも皿を見て、ん？　という顔をしていた。それから5分後、建築士Bが顔を出すとともに女子が3人入ってきた。僕の合コンレーダーはすでにメーターを振り切っていた。恒例の自己紹介が始まり、女子は3人とも同じ会社に勤めているOLだということがわかった。僕は前回の失敗を反省し、ひと言「川谷です……」と言った。すごく空気を読める優しい女子だったので、ミーハー心を出す訳でもなく、嫌悪感を出す訳でもなく、フラットに話してくれた。今日は課長にパスを出せるかもしれないと思い、キラーパスを何度も出した。その甲斐あって課長は女子と良い感じの空気になっていた。

しかし僕はその時、さらば青春の光の森田さんの言葉を思い出した。「課長はモテてない方がおもろいっすわ〜絶対」という無責任な言葉を。

そうだ、課長がこのままモテても面白くない。何故かそう思った僕はキラーパスの精度を下げながら、だんだんパスミスをしたり、オウンゴールしたりした。空気は微妙になり、個室には急変した僕を訝《いぶか》しがる女子3人、いつものモテない課長、何故かメンバーの株を落とす川谷絵音、それを見て必死にフォローする投資家Aと建築士Bがいた。それからすぐに解散になった。帰宅した僕はさらば青春の光のネタを見漁った。やはり面白い。森田さんは間違ってない、そう言い聞かせた。

そんな2回の合コンを経て、また投資家Aに屋内BBQに誘われた。今回は僕以外にも僕の旧知の友人C（ファッションデザイナー）、友人D（映像ディレクター）も誘われていた。僕が取材で遅れて店に入った時には女子が7人くらい、知らない男3人と友人3人を含めた男6人がいた。すでに僕の合コンレーダーは壊れていた。女子7人は元TJ（流石にイニシャルにさせて）というキラキラした集団。普通に生活していたら出会わない部類の人たちだ。全員が異様な空気を放っていた。僕と友人C、D

はそれに圧倒され、人見知りも相まって心を閉ざし始めていた。

そんな中、自己紹介が始まり、友人CもDも自己紹介を済ませ、僕の番になった。僕はすでに心の営業が本日分終了していたので、友人CとDの部下でデザイナーの鈴木です、と意味不明な自己紹介をした。友人Aが僕を呼ぶ時に「えのん！」とたまに呼んでいたが、みんなの喋り声に掻《か》き消されていた。僕はトイレに逃げ込み、長い間携帯をいじっていた。15分ほど経ってみんなの元に戻ると「エルモ！」と女子の誰かが言っていた。エルモ？　セサミストリートの話でもしてたのかな、と思い黙っていると、どうやら僕を見て言っているらしい。友人Dにエルモって何？と聞くと、僕のことを友人Aが呼んでいる時、最初の「え」だけ聞こえていたらしく、女子が友人Dに「え」の後は「彼、名前何なの？」と聞いてきて、友人Dが咄嗟に「エルモ」と言ったらしいのだ。

僕がトイレに行っている間に僕の名前は「鈴木エルモ」にな

っていた。しかも女子たちは僕に気付いておらず、本気で鈴木エルモだと思っているらしかった。僕はその後もデザイナーとして振る舞えるはずもなく、終始心を閉ざしたままその会は終了した。

3回目にして一番場を楽しめなかった僕は原因を考えた。たしかに女子が圧倒的なオーラを放っていたことは理由のひとつなのだが、もうひとつ大きな理由がある。課長がいなかったことだ。課長に彼女を作るという大義名分がない状態の僕はすごくつまらない人間なのだ。課長にパスを出そうとすることで自分を保っていた訳だ。それに気付いたところで、すでに僕は合コン恐怖症になっていた。時すでに遅しである。

ただ、鈴木エルモという名前は意外と気に入ったので平成が終わったら鈴木エルモに改名しようかなとちょっと思ってました。ちょっとね。

芯

曲を生み出すことを生業にしてから10年ほど経った。しかし歌も演奏も詩も曲もアレンジも完璧だったことなんて一度もない。いつも未完成で不完全だ。そんな歪《いびつ》な作品を作りながら、常に自分ができないことと戦っている。音楽だけじゃなく人としてもだ。できないことができる他人が羨ましい。隣の芝生はいつも青いのだ。

僕の友人に米津玄師という人がいる。僕にとって隣の芝生が青過ぎるミュージシャンだ。彼と最初に会ったのは、2015年のMONSTER baSHという香川のロックフェス。その前からラジオでは互いの曲にコメントをしたりしていたので、挨拶をしようと彼の楽屋を訪れたが、人見知り×人見知り、上手くコミュニケーションが取れるはずもなく撃沈した。

それから数年が経ち、2017年、共通の友人を介して再会し、仲良くなった。他愛もない話をすることがほとんどだが、彼の内面にある奥深い優しさと達観したような喋り口が全ての会話を美しくしていた。それがもう羨ましかった。音楽の素晴らしさ、次々に打ち立てる前人未到の記録も近くで見ていて素晴らしいものだと思ったが、それ以上に彼の人間的な深みがとにかく美しかった。

「お前の最近の曲は美しくない」と言われて作った曲で自分の殻を破ることができ、自分が救われたこともあった。彼に曲が良いと言われたいという気持ちが音楽活動の原動力になっていた。

僕はすぐにブレるし、人と会話をすると相手の空気に引っ張られたり、言われたくないことに対して冗談を放って逃げることもよくある。なんてダサいんだろう。飲み会から家に帰って自己嫌悪に駆られることがよくある。

彼にはブレない芯がちゃんとある。根を張って動かない自分がしっかりある。具体的なエピソードは勝手に書けないので割愛するが、僕はその人間力が羨ましかった。羨ましいだけで僕は変われてなんかいないし、今もダサい自分が顔を出す。それでも彼と会うたびに、その次の日くらいは芯がある人間になろうとする。これを繰り返していつかもっとマシな自分になれるかもしれない。昨日一緒に飲んだから、今日は芯ある人間な僕です。

人に少しでも優しく、自分を受け入れて、丁寧に過ごそう。

2024年11月8日の日記。

パリで遊びたい

東京にはどうやって生活できているのかよくわからない人間がたくさんいる。そういう人は大抵知り合いが多い。いわゆる人脈が太い人たち。都会では人脈だけで華々しい暮らしを送っている人がいる。人と人との関わり合いで社会ができている以上、人脈というのはどんな仕事をしていても重要なファクターだ。それだけでどうにかなってしまうことも多い。

実際、人を騙して作った人脈で自分を大きく見せ、それをキッカケに仕事を手に入れ、東京をサバイブしている人を何人も見たことがある。そんなことで生きていけてしまうのがこの街だ。僕はミュージシャンになり、東京で暮らして18年ほど経つが、最初の頃は不必要に他人と関わらないようにしていた。人見知りも相まって、２０１５年までは他人を信用することが難しく、自分のことでいっぱいいっぱいだった。

しかし２０１６年のスキャンダルをキッカケに、心に空いた穴を埋めるように他人と会うようになった。当時、加熱していく報道合戦のおかげ（?）で自己紹介をしなくてもみんな僕のことを知っていたので、人見知りには助かった。結果、僕の周りには人が増え、良いことも悪いこともあった。悪いことでいえば、僕の情報を外に売ったり、嘘の噂を流したりする人がその中にいたことだった。友達だと思っていたミュージシャンに裏切られ、見事にはめられたこともあった。それでも良いことの方が多かったように思う。色んな人と色んな話をして、そのたび刺激を受けた。

ミュージシャンだけでなく、芸人さん、ファッション、アート、不動産関係など芸能界以外にも多種多様な繋がりができた。年齢の幅も広く、50代から70代の知り合いもたくさんできた。

中でも河原シンスケさんとの出会いは刺激的だったし、思い出がたくさんある。河原さんはフランスのパリで35年以上も活躍する日本人アーティストで、バカラやエルメスの広告、ルイ・ヴィトン「LE MAGAZINE」のクリエイティブ・ディレクションなども手掛ける方だ。井上陽水さんの奥さんである石川セリさんと「ドクターX」や大河、「朝ドラ」などの脚本を手掛ける中園ミホさんと食事をしていた時に、セリさんが呼んだのが河原さんだった。河原さんはパリに35年以上住んでいるので、日本のメディアはよく見ていないとのことで、僕のことを色眼鏡なしに見てくれた。初めて聴く僕の曲を「面白い」と言ってくれたのが嬉しかった。僕が作った色々な曲を自主的に聴いてくれて、ライブにも何度も来てくれた。

河原さんは若い頃、フランス語を話せないまま勢いでフランスに飛び、情熱と才能で仕事を勝ち取り、成功の道を歩んでいった。彼の絵は子供心を忘れていないのに何故か大人の心をもくすぐる。ずっと見ていると吸い込まれそうになる不思議な絵だ。アートに興味を持ったのもこの頃だったと思う。それから画家やアートコレクターの人たちとも交流を持つようになった。音楽とは違う創作物に刺激を受け、曲作りにも変化があった。情景描写に力を入れ始めたのはアートが好きになったからだと思う。

人と繋がれば繋がるだけ人生が面白くなる。河原さんとパリで遊びたいという目標もまだ残ってる。楽しいことがまだまだあるんだ。生きてる限り面白い、そんな人生にするために僕は他人と関わり続けるんだと思う。

オールウノ

長期休みとは縁がない日々を何年も過ごしているせいで、仕事以外で海外に行くことがほとんどない。そんな僕を見かねてか、ライブ制作チームがグアムに行こうと言い出した。

だいぶ前から休みの日を設定し、ここには絶対仕事を入れないと周りに根回しをしてから航空券やホテルを取った。自称グアムマスターの関西ライブ制作会社のおじさんAをリーダーに据え、東京のライブ制作会社のおじさんB、CとワーナーのおじさんD、Eに僕を加えた6人で構成されたチームで行くことになった。旅行計画はグアムマスターであるおじさんAに任せていたので、どこを回るかも何をするのかも知らなかった。

旅行当日、朝から僕らは思い思いの浮かれた格好で空港に現れた。流石にI♡GUAMみたいなTシャツを着てる人はいなかったが、アロハシャツ率は高かった。僕もアロハではないが、カラフルなシャツを着ていた。久しぶりの旅行、久しぶりの南国、浮かれない訳がない。

おじさんA以外は初グアムだった。Aはしきりに「最高のプラン立ててるから」と関西訛りで言っていた。グアムマスターと言い張るのだから心配はしていなかったし、正直全任せにできて楽だと思っていた。

無事飛行機にも乗れ、あっという間にグアムに到着した。まずホテルにチェックインし、荷物を置いてからロビーに集合した。さあ、僕らのグアムが始まる。まずは何をするんだろう。

「いきなりこんなこと言うのもアレやけど、今から行くとこがメインや。最初がメインディッシュなのもええやろ」

おじさんAはニヤニヤしながら言った。

初日からそんな凄いところに行くのか。僕らは少し面食らいながらもワクワクした気持ちの方が大きかった。場が熱を帯びていく。「着いてきいや」というおじさんAに先導され、徒歩でメインディッシュに向かった。10分ほど歩いた頃だろうか、僕らの目の前に一面金網のエリアが出現し、その真ん中には小さな木製の入口があり、上にZOOと書いてあった。

動物園……？　それにしては動物の気配はないし、人もいない。

「ここがグアムで一番有名な動物園な！　ここに連れてきたかったんよな〜！」

テンションが高いのはおじさんAだけだった。

みんな無言でAの後を着いていく。入場料らしきものをAが支払い、金網の中へ入る。

休みの日なのかと勘違いするくらい動物があまりおらず、どことなく暗い。まず、動物園に行くテンションではなかったので気分も乗っていない。おじさんAのハイテンションな解説も耳に入らず通り過ぎていく。水槽があるが、中には何もいない。たまに動物がいるのだが、僕の目にはビーチの幻が映っていて見えなかった。ビーチに想いを馳せながら歩いていると、外が明るくなった。

「こんな感じやな！　どうや？　おもろかったやろ？」

おじさんAの声で我に帰る。僕たちはいつの間にか動物園を見終わっていたのだ。A以外全員戸惑いの空気を発し、これがメインディッシュだという事実を思い出していた。

後で聞いた話だが、この場所は夫婦で経営する私設動物園で、絶滅危惧種であるココバードを近くで見られる珍しい動物園ということで有名だったらしい。最初に言ってほしいのもあるし、グアム一発目は絶対ここじゃない。ココバード見逃したし。

「まあ、今日の予定で決まってるのはここまでやな」

え？　終わり？　何もしてないよ？　明日から凄いの？　まだ時間あるよ？

とりあえずAに期待するのは止めようと心に決め、僕は「一旦、一番栄えてる街に行って酒でも飲みましょうよ」と言った。みんな大賛成のようだった。Aも笑顔で「ええな！」と言い、自分のマスタープランを終え、満足そうにしていた。

街に着き、どこに行くか思案していると、日本人の学生らしき集団が歩いてきた。学生たちは僕を見ると「あっ川谷絵音だ！」と、ポケモン発見！みたいなテンションで言った。僕らは何故か咄嗟に逃げ出し、特にワーナーのおじさんD、Eは僕がカメラに収められないように壁になりながら走っていた。後ろめたいことはないが、なんとなく厄介そうな雰囲気がする集団だったのだ。グアムで浮かれた学生と川谷絵音の相性が良いはずがない。

その後、学生たちから離れた僕たちは近くにクラブがあるという情報をネットで手に入れた。普段クラブに行くような人はチームの中に誰もいなかったが、とにかく浮かれたい僕たちはグアムのクラブという甘い言葉にすぐに乗った。クラブに着き、入場料を払い中に入る。中には誰もいない。ガラガラだ。四つ打ちという世界で一番踊れるビートが南国のクラブで寂しく響いている。でも大きい音で揺れながらお酒が飲めればとりあえずは良い。僕たちはそれぞれお酒を頼み、乾杯をしようとした。その時だった。

「あれ、川谷絵音じゃね?」

さっきの学生集団がクラブに入ってきていた。

僕らは咄嗟にお酒を返却カウンターに置き、凄い速さでクラブを後にした。グアムは狭過ぎる。どこに行っても彼らに会ってしまう気がした。当時バンドの状況が上向き始めていた時期だったので、何かしらトラブルになるかもしれない確率は少しでも減らしたかった。

久しぶりの休み、海外で羽を伸ばすつもりだったのに、寂れた動物園に行き、学生から逃げ回るだけという現実。とりあえずホテルに戻った僕たちはおじさんAの部屋に集まってルームサービスを頼み、一応持ってきていたＵＮＯで時間を潰し始めた。これが僕らの本当のグアムの始まりで、終わりだった。

なんと僕たちはこの後滞在期間全てをＵＮＯに使ったのだった。グアムに来てノービーチ、ノープール、オールウノだった。外に出たら学生に会ってしまうのではないかという不安ももちろんあったが、予想以上にＵＮＯに熱中してしまい、お酒を飲みながらやるＵＮＯの楽しさで常にハイになっていた。僕たちはグアムでこの過ごし方をしているんだ！という謎の背徳感も拍車をかけていたんだと思う。

あっという間に帰国する日になり、帰りにせめてもと思い、空港でＩ♡ＧＵＡＭとプリントされたＴシャツを買った。こうして、日本でやれよと言わんばかりの僕らのグアム旅行は幕を閉じた。

あれ以来、仕事以外で海外旅行には行っていない。

もう一度あの動物園に行ってみたい気持ちはある。ココバード見逃したから……。学生の出現でなあなあになったけど、おじさんAの2日目からのプランは何だったのだろうか。あと、結局あのTシャツ、1回も着てないな……。I♡GUAM、いやI♡UNO。

リフェイル状態

知らない人も多いと思うが、僕は音楽以外に年1で「独特な人」という舞台をやっている。いわゆる演劇だ。この演劇プロジェクトは2024年で第7回を迎えた。さらば青春の光の森田さんとコントをやってみたり、朗読劇、パンクバンドなど色々なことをやった。そして最新回である2024年は、恋愛リアリティーショーをテーマにした演劇をやった。

何故このテーマなのか。それは、僕が全てのエンタメの中でも恋愛リアリティーショーがベスト3に入るくらい好きだからだ。恋愛リアリティーショー、通称〝恋リア〟。ハマったのは誰もが知る「テラスハウス」からだと思うが、思い返すと「あいのり」も上の兄弟の影響でちょこちょこ見ていたので、正確にはそのあたりからかもしれない。あいのりは深夜放送だったので実家にいる時は生活習慣的にたまにしか見られないものだったが、テラハは始まった時ひとり暮らしでフリーター時代だったため、毎週欠かさず見ることができた。そこから全てのシーズンを欠かさず見て、なんと軽井沢編では何話か出演することまでできた。メンバーの休日課長が出演したおこぼれで僕も映ることができた訳だ。そしてテラハ以外にも恋リアと名の付く番組を見漁った。最近では「THE BOY FRIEND」「シャッフルアイランド」「ラブ トランジット」に夢中だった。

しかし何故こんなに恋リアが好きなのだろう。もちろん僕はリアルを見ている訳ではないこともわかっている。若手の芸能人が登竜門のように出演していることがほとんどだし、「素敵な恋をしに来ました」なんて言う人ももはやいない。一般人だと見せつつインフルエンサーだったなんてこともザラだ（もちろん一般参加者もいるが）。恋愛リアリティーショーではなく恋愛フェイクショーだと思った方が良いのかもしれない。でも、僕は視聴中はリアルでもフェイクでもない中間にいる。それを勝手に「リフェイル」と呼んでいる。その状態にいる僕は、初回から出演者のSNSをチェックし、普段の投稿からどんな人かを類推し、番組内でどう振る舞っているか観察する。そしてそのズレや芝居感を楽しむ。ただ、回を追うごとに編集の妙からリアルを感じ始め、それがBGMやカット割によるものだとわかりつつも(暴論)感情移入していく。「何でそんな誘い方したんだよ」とか「あーやっちゃった……」とかの文句に近いツッコミを交えつつ、リアルじゃないんだという前提の上でエセリアルを楽しむ。そんなリフェイル状態が限りなくリアルに近付いた番組が「THE BOY FRIEND」だった。

僕は初めてリアル99%の状態のまま番組を見終えた。編集も驚くほど丁寧で、BGMも含めて映画のような世界観で、毎話視聴後、こんなに充足感がある恋リアは初めてだった。セクシャルマイノリティを題材にした作品であったことも大きかったのだと思う。ストレートである僕や視聴者層の多くは、彼らがどういう恋愛をするのか知らない。ドラマや映画でなら観たことはあるが、リアルでは見たことがない。だから自分に置き換えないし、行き過ぎた共感もしない。この〝行き過ぎた共感〟がないだけで、恋リア視聴時特有のノイズはなくなっていく。

僕は、「THE BOY FRIEND」を見てこのノイズの存在を実感した。余計な共感性こそが見どころだと思っていたのに、それがないことでかえってリアルに見えるなんて考えもしなかった。リアルを知らないのにリアルだと思う。いや、リアルを知らないからこそリアルに思えるのだ。魅力的な出演者たちの表情に一切芝居感はなかったし、繊細な恋模様を一瞬も見逃すまいと画面に釘付けだった。恋リアにある訳ないと思っていたピュアな恋愛がこの番組にはあった。僕が見ていた限りは映画のようで、なのにリアルでピュアだった。第5話でユーサクがGreen R oomを出ていくシーンでは年甲斐もなく大泣きしてしまった。映画でもほとんど泣かない僕の涙腺があんなに緩むなんて。

リアルという点では、「ラブ トランジット」にもあった。元々恋人同士だった元カップルたちが参加し、新しい恋愛にいくか、元サヤに戻るかという選択恋愛リアリティーショー。元恋人同士という生々しさがリアルで、気持ちがすれ違う中での出演者の涙も本物に見えた。ただ、番組の特性上行き過ぎた共感性は更に色濃く出る作品だったので、僕は心の中で何回も「自分ならこうするのに」的な余計なお世話ツッコミをしながら見ていた。「THE BOY FRIEND」の視聴後に「ラブ トランジット」の最新作を見たので、180度違う作品として、それはそれで楽しめたかなと思う。ただ「THE BOY FRIEND」の完成度が高過ぎた。2024年観たどんな作品より見応えがあったし、出演者の今後が一番気になるリアリティーショーになった。余談だが、スタジオのチュートリアル徳井（義実）さんのコメントがいちいち秀逸で、毎回唸りっぱなしだった。

昨今色んな方向性の恋リアが出てきたので僕の人生は彩られている。念願だった恋リアテーマの演劇もできたし、「THE BOY FRIEND」を観て、曲も書けた。

そんな僕が是非やってほしい恋愛リアリティーショーがある。それは全員バンドマンの恋愛リアリティーショーだ。男女関係なく全員バンドマン。期間内にどれだけの曲ができるか。曲にするのか、はたまた曲にされるのか。共作もあるかもしれない。AbemaTVさん、どうかやってくれないでしょうか。それが観られたらもう心残りはないので。オーディションも現場で見学させてくれたら、更に嬉しいです。お願いします……!

そんな文章を書いていたら家でつまずいて、左足の中指の骨が多分折れました……。指ってこんな簡単に折れるのね。折れてなくてもヒビは確実に入ってると思う。これがリアル。この痛さが一番のリアル。毎日がリアリティーショー。さあ、病院行くか……。

風船の部屋

僕は今たくさんのバンドを掛け持ちしている。.indigo la End、ゲスの極み乙女、ジェニーハイ、ichikoro、礼賛の5つだ。

最初の3つは作詞作曲も担当している。ichikoroはインストバンドなので歌詞はないが、曲構成やコードは僕が考えていて、礼賛は作詞、メロディはボーカルのサーヤちゃん担当だが、オケの構成、コードは僕が作っている。つまり、年中曲を作らなくてはいけない訳だ。よくインタビューで〝いつ作っているんですか?〟とか〝スランプで書けなくなったりしないんですか?〟などと聞かれるが、僕の答えは「作る時に作っているし、曲が書けなくなることはない」だ。世の中には無限に曲があって、いつでもどこでもそれらをインプットできる。〟インプットできる限りいつまでも曲が作れるはず〟と僕は常に思っているし、そういう考え方はメンタルにも良く作用している。そしてアウトプットの数が多ければ多いほど、リスナーからの反響の回数は増え、経験値は上がる。良い感想も悪い感想も自分の糧になる。作ったらとにかくリリースする。それを約15年続けてきた。

そして今、スランプです。

前言撤回ではありません。ちょっと違うスランプなんだ。作れないんじゃなくて、作るスイッチが入らない。気付いたら時間が過ぎてしまっている。昔はもっと自発的に曲を作りたかったはずなのに、今は締め切り寸前にならないと曲を作り始めない。締め切りと書かれた風船が部屋を漂い、増えていくその赤い風船を割らないように生活し、もう限界だという場面になってようやくギターを持つ。曲が完成すると音もなく消える風船も、また締め切り間近になると浮遊し始める。丸い物体で埋め尽くされた部屋を想像してほしい。僕の足が作曲部屋から遠のく理由もわかるだろう。

中でもｉｎｄｉｇｏ ｌａ Ｅｎｄというバンドの曲作りが一番進まない。他のバンドは良い意味でふざけられる。だから、力を抜いて作曲することもできる。ただ、ｉｎｄｉｇｏだけは遊びという余白があまり存在しない。ふざけたモチーフを使うこともできず、真剣度１００％で作るので、体力も精神も大幅に消費する。かつｉｎｄｉｇｏはタイアップがつかない。理由は色々あるだろうが、その遊びの余白のなさは関係していると思う。

タイアップにはテーマがあり、その内容に沿って曲を作るので取っ掛かりがある。それだけで曲作りに対するモチベーションが上がる。つまりタイアップがないと、毎回自分でテーマを設定しなければならず、それが一番疲れる。バンド活動初期はそれが楽しかったのだが、15年やっていると誰かにテーマを決めてほしくなる。今まで完全な書き下ろしでやったタイアップは多分1個か2個しかない。それ以外は元々あった曲を使ってもらっただけだ。苦肉の策で、好きなドラマやアニメの仮想タイアップ曲を作ったこともあった。勝手に個人的な主題歌を作るという試みだが、数曲やってみて思った。

虚しい……。

良い曲はできるんだけど、頼まれてもいない曲を勝手に作っている自分を俯瞰で見てしまう。それがやけに虚しい。アニメやドラマのタイアップであっという間にスターダムに登り詰める人たちの横で、ひっそりと頼まれてもいない曲を作る自分。15年も物語性があるバンドをやっているのに、ドラマや映画のオファーさえ来ない悲しさ。そういう自分の卑屈さに辟易して自ら遠ざかる曲作り。作り始めたら楽しいし、曲はできるのに、作ることに理由を探してしまう。何のために音楽を始めたんだっけな。ふと考え出してしまう。

「音楽が好きだったから」

それはそうなんだよ。でも何で音楽を続けているんだろう。その問いにはそのひと言では足りない。音楽を続けていく中でファンは増えていき、関わるスタッフも増えた。メンバーも人生の大半をバンドに注いでいる。indigo la Endはメンバー4人だけのものではなく、もはや数え切れない数の人の人生を動かしている。そんな大きな船を、フロントマンの僕には動かし続ける責任がある。そんなことを考えながら大きく息を吐き、また風船部屋に入る。それの繰り返し。

でもそんな中で「名前は片想い」という曲がヒットした。卑屈な自分を少し救ってくれた大事な曲。これがなかったらもっと自分を卑下していたかもしれない。最近タクシー広告でよく流れている、子供が大人に「自分を卑下するなよ」と言い放つCMが脳内再生される。始まりを思い出せ。よくわからないのに感覚だけで曲を大量に作っていたあの頃を。

昔はもっと時間感覚が豊かだった。ジャネの法則というものがあって、19世紀のフランスの哲学者・ポール・ジャネが発案した「主観的に記憶される年月の長さは年少者にはより長く、年長者にはより短く評価されるという現象を心理学的に説明したもの」らしい（ネット参照）。端的に言うと生涯のある時期における時間の心理的長さは年齢の逆数に比例する、つまり年齢に反比例する、らしい（ネット参照）。

例えば、50歳の人間にとって1年の長さは人生の50分の1ほど、しかし5歳の人間にとっては5分の1に相当する。すなわち50歳の人間にとっての10年間は5歳の人間にとっての1年間に当たる（ネット参照）という多少無茶な法則だ。1歳の1年が

365日だとすると、僕は35歳なので僕の1年は体感的にはその35分の1、すなわち約10日。1歳が感じる1年を僕は10日で消化する感覚になる。これは極端な気もするが、年を取るたびにどんどん時間が経つのが早いような感覚になる、という訳だ。まあ年を取ると時間が早く感じるというのは皆さん経験あるでしょう。1年が10日とまではいかなくても、30歳を超えてからは、ああもう正月か、この前、年越した気がするなぁとかは毎年思う。この時間が早くなる現象も相まって、昔は時間が無限だったように錯覚しているのだろう。僕は今も大量に曲を作ってはいるんだけど、もっと昔みたいに楽に作れたらな、なんてことを考えてしまう。歳を取ったゆえのスランプなのか。「名前は片想い」がなかったらと思うとゾッとする。風船部屋の風船を1個ずつ割っていく凶行に走っていたかもしれない。今更だけど、このくだり比喩なので大丈夫だよね？　最近ＳＮＳを見ていると冗談めいた文章をそのまま受け取る人の多さにびっくりするから。カッコ書きで比喩です！って書かないといけない感じ、わかる？

　こんな散文過ぎる文章を書くことが意外とストレス発散になることがわかったところでさようなら。たまには雑な駄文を許してください。

心の中のコナンくん

２０２４年もたくさんのフェスに出演した。今やフェスは夏だけではなく、年中開催されている。その中でも春フェスは、夏に次いで期間も長く数も多い。３月から5月の約３ヶ月の間に数え切れないくらいのフェスが乱立しているのだ。そんな春フェスシーズンも終わりに差し掛かる5月末、あの事件は起こった。

僕は礼賛というバンドで某地方フェスに出演するため、新幹線で会場の最寄駅に向かっていた。いつものことだが、事前にライブ制作スタッフからは当日の行程の連絡が来ていた。

「最寄駅に着いたら改札に向かってください。改札の外に某フェスの名前が書かれたカードを持ったスタッフさんがいるのでその人について行ってください」

まあ特に変わった点はない。いつも通りだ。僕は改札を出るとすぐにカードを持った女性スタッフを見つけた。隣には先に着いた僕らのレーベルスタッフもいる。

「おはようございます」

2人に挨拶をし、他のメンバーの到着を待った。すぐにメンバーは全員集まり、点呼をとってからカードを持ったスタッフに付いて行く。案内通りに駅を出ると、また違う女性のスタッフがデカめのバンのような車の前で待っていた。カードを持ったスタッフは車の前にいるスタッフにバトンタッチし、僕らはその車両スタッフと一緒に車に乗り込んだ。そして助手席に乗った車両スタッフの「出発します」という声を合図に運転手のおじさんがアクセルを踏んだ。毎年出ているフェスなので会場までの大体の距離感もわかっている。20〜25分ほどで目的地に着くはずだ。もうこのフェスには慣れている。

メンバーと談笑しながら約10分ほど経ち、会話の流れが自然に途切れたあたりだっただろうか、僕は助手席のスタッフが電話をしていることに気付いた。スタッフの慌てた様子を見るに、なにやら問題が起きていそうな香りがぷんぷんする。コナンだったらすでに誰かが死んでいる。
しばらくその様子を眺めていた時、電話を耳から離したスタッフは急に後ろを振り返り、入口付近に座っている僕を凝視した。そして僕に向かって言った。

「大橋トリオさんですか?」

え? 何て言った? お、大橋トリオさん? ミュージシャンの大橋トリオさんだよね? 僕が? ん? 意味がわからない。聞き間違いじゃないよな。はっきり言ったよな。目合ってるし、完全に僕に話しかけてるよな?

「え？　違います……けど……」

スタッフは僕の答えが青天の霹靂だったかのような顔をしている。

「え……違うんですか……？」

「はい……違います……」

眠ってない毛利小五郎の〝犯人はあなただ〟くらい的外れだ。

僕は大橋トリオではなく川谷絵音だ。

スタッフはまた誰かと電話をし、話がついたのか後ろを振り返って言った。

「引き返します……！」

え？　なんで？　ここまで来たのに？　何故？

僕らのクエスチョンマークは急激に増えていた。コナンの序盤だったらもっと説明してくれるのに。

「出発します」の号令の時と同じテンションでアクセルを踏み込んだ運転手のおじさんは、無言でUターンし、来た道を戻り始めた。どうやらこの車は大橋トリオさんを送迎する車だったらしい。だがしかし、ここから戻るよりも、元々僕らが乗るはずだった車が駅にあるはずで、それに大橋トリオさんが乗って向かう方が効率的だ。しかも礼賛の方が大橋トリオさんより出演時間が早い。どうすべきかは明白だった。

「あれれぇ？　おかしいなぁ、この車は駅まで戻らなくて良いと思うんだけどなぁ」

心の中のコナンくんが喋っている。実際には戻らなくていい理由を論理的に話したのだが、何故か車は方向を変えない。スタッフはまた電話をかけ始め、運転手さんは僕の話を全て無視してアクセルを更に踏んだ。
「だったらこの辺りで降ろしてください！　タクシーに乗って会場向かうんで。出演時間のこともあるからこれ以上戻らないでください！」
僕は絶対に聞こえるようにかなり大きめのボリュームで運転手さんに言った。

「………」

え？　また無言……。僕らは困難な事件に巻き込まれている。解決の糸口は見つからなかった。スタッフの電話は終わらず、結局駅まで戻ってきてしまった。駅で僕らは降ろされたが、大橋トリオさんも見当たらず、僕らの乗るはずの車もなかった。駅にいた別のスタッフに聞いたところによると、大橋トリオさんチームは駅のタクシーで会場に向かったらしい。え？　僕らが乗るはずの車は？　戻った意味は？　じゃあまたこの車で会場行くんだよね？　降りた意味ないじゃん。そんなことを考えていたまさにその時、なんと、車は誰も乗せず走り去って行った。

「え？」

僕もメンバーも全員が同じ言葉を発した。コナンにも解決は無理だろう。無気力になった僕らはもうそれ以上抵抗することなく、タクシー2台に分かれ、会場に向かった。その日のライブの演奏は何故かすごく良かった。

ライブ後に改めて今日を振り返ってみた。

そもそも僕を大橋トリオさんだとスタッフが見間違えたところから全ては始まった訳だが、どう考えても似ていない。大橋さんは髪がかなり長く髭もあるダンディな風貌である。僕はそこまで髪も長くなければ髭も無い。写真を見比べても笑っちゃうくらい似ていない。

ただ、その日大橋トリオさんとSNSで繋がり、曲を前よりチェックするようになった。そのおかげで知った「エトセトラ」という曲は僕の2024年のベスト10に入るくらい好きな曲になった。昔のアルバムも掘って聴くようになり、最近ではライブに行きたい欲が日に日に増している。

思い出したのだが、僕が最初に大橋トリオさんにお会いしたのは2013年の冬だ。深夜のクリスマス特番で大橋さんのピアノ伴奏でクリスマスの名曲を歌うコーナー。あの時ほぼ初めてのテレビ出演だったので、緊張していた記憶しかない。それにメンバーは1人食あたりで出演できず、他のメンバーも食あたりで顔面蒼白だった。何故そうなったかは別の機会に書こうと思うが、大橋トリオさんとは何かしら縁があるなぁと思った日だった。ネクストコナンズヒント「牡蠣」。

特別モード

2024年11月、.indigo la Endが韓国で2日間ワンマンライブをやることになった。同じ年の8月に韓国の夏フェスに出演し、そこでワンマンを発表したのだが、チケットはすぐに売り切れてしまった。それを受けて追加公演が決まり、計2日間のライブになった。移動日を含めて3泊4日の行程だ。

せっかくの海外公演ということもあり、両親も韓国に招待することにした。2人の航空券は僕が取った。母親にとっては初の海外、僕は想像できる海外マウントを全て取り、意地悪に不安を煽ったりした（ごめんなさい）。僕らは帯同スタッフも現地スタッフもいるので、海外の時は毎回大船に乗ったつもりでいる。両親は行程の2日目に韓国入りするのと、福岡に住んでいることもあって単独移動なので、２人の不安を煽るために自分にはスタッフが多数いるというマウントをたくさん取った（これは僕たち親子でよくやるギャグみたいなコミュニケーションです）。

父親は母親のために旅のしおりまで完璧に作り、移動や食べ物、買い物などで手こずらないようにくまなくリサーチしていたらしい。逆に僕らは韓国に行く日程が近づいてきても特に何の準備もしていなかった。

そんな韓国移動の３日前、ｉｎｄｉｇｏ ｌａ Ｅｎｄでフェス出演があり、僕はぴあアリーナという場所にいた。ライブ前、楽屋で準備をしていると、暗い顔をしたスタッフが下を向いて中に入ってきた。

「川谷さん、悲しいお知らせがあります……」

声のトーンも暗く声量もか細い。ただただ不安になる言葉だった。

「な、何ですか……？」

何も心当たりがない。

「すみません！　メンバー、スタッフ全員の韓国行き航空券が取れてませんでした！」

え……？

えー⁉

なんで？　どうして？　てかどうするの？

僕らが乗った大船はいとも簡単に転覆した。

「取り直さなきゃなんですが、空港が遠いところになってしまうかもです……。すみません！」

その後、現地スタッフが怪しいサイトで航空券を取ろうとしたら実は取れていなかった、という訳のわからない説明をされた。そもそも怪しいサイトで取るなよ！

結局、航空券は買えたが、料金は当たり前に高くなり、羽田ではなく成田になったり、金浦（近い空港）から仁川（遠い）になったりした。海外マウントを取った罰がストレートに僕を殴る結果になり、それを両親に電話で伝えると、当然のごとく笑われた。

そんなトラブルがあったが、無事に韓国には着き、ライブも2日間大盛り上がりで大成功。聞いたことがないボリュームの声援と大合唱に感動しっ放しだった。両親も韓国とライブを満喫し、大満足で帰って行った。

怪しいサイトを利用した現地スタッフYさんはみんなから常にいじられ、しっかり笑い話になっていた。

滞在中、ライブの日の2日間は特に入り時間までかなり暇があったので、とにかく色々な場所に行った。ミシュランのビビンバを食べたり、サムゲタンを食べたり、古い建物を見に行ったり、カフェに行ったりと、かなり満喫できたと思う。ただ、タクシーに乗る難易度がかなり高かった。流しのタクシーを捕まえようと手を上げると、止まってはくれるが、乗ろうとすると断られる。たまに「CHANGE TIME」という謎の言葉を言われ、走り去っていくパターンもあった。何故1回止まってくれるんだ、乗せてくれないのに……。

捕まえることは諦め、Uberでタクシーを呼ぶ方針に切り替えた。待ち時間は長いが、目的地の住所もアプリで入力できるので、運転手さんとカタコトでコミュニケーションを取る必要もなく便利だった。

11月の韓国は寒いと言われているが、滞在中は割と暖かく、昼はむしろ暑いくらいだった。特にタクシーの車内が暑く感じることが多かったので、ある時運転手さんに「I'm Hot. Please a·ir condit·ioner?·」という文法もクソもない英語で話しかけた。まあ意味は伝わるだろう。

しかし運転手さんは、おそらく「は？ なんて？」みたいな韓国語を発した。僕は「too hot!!」と言った。運転手は埒《らち》が明かないみたいな表情を浮かべ、何かの機械を操作し始めた。すると、機械が日本語で喋り出した。

「〜の特別モードを開始します」

最初は聞き取れなかったが、かなり緊張感のある声色で機械が喋り出したので、車内に緊張が走った。車には僕とファンクラブスタッフ2名と運転手さんの4人。特別モードってなんだ？ なんかダメなことを僕が言ったのか、韓国語に何か似た発音で言ってはいけないワードがあったのか。

何らかの特別モードを開始した機械に向かって、運転手さんが凄い勢いで喋っている。どう考えてもトラブルが起きている空気のピリつきを感じた。

その時、機械の音声が切り替わって別の声がした。

「代わりました！　どうされましたか？」

流暢な日本語を話す女性の声がする。

ああ、これは通訳を呼び出すモードだったのか。そんなことができるのか……！

「あっ、ちょっと暑くて、エアコンを付けてほしく……」

こんなことで呼び出した気まずさで声が小さくなる。

「ああ、わかりました！」

と女性は明るく言い、運転手さんに韓国語でおそらくエアコンを付けるように伝えている。

運転手さんは、なーんだ！　そんなことか！という表情を浮かべ、笑い出した。そんなことでこんなモードを呼び出してしまってすみません。僕ら3人は苦笑いを浮かべた。

そして通訳の女性が「では！」と言っていなくなり、特別モードがあっさり終了した。その時だった。


なんと運転手さんは窓を開けたのだった。


え？　エアコンは？　窓だけ？

高速道路だったので車内に強風が吹き荒れる。僕らは全員オールバックになった。涼しいというより痛い。運転手さんにエアコンを付ける素振りは全くない。

特別モードを発動した結果、車内は大荒れの天気になり、目的地に着いた頃には髪がギシギシになっていた。

韓国のタクシーは難しい。この日、僕は韓国語を勉強しようと誓った。

そういえば、韓国でのライブ中に機材トラブルが起き、ライブが止まった時があった。僕は頭が回らなくなり、咄嗟に「ちょっとＷＡＩＴ」と言った。「Ｗａｉｔ ａ ｍｉｎｕｔｅ.」だろ、どう考えても。ちょっとＷＡＩＴて。この日僕は、英語も勉強しようと誓ったのだった。

終わりに

最初は小説を書いていたのに行き詰まり、結局エッセイを書くことになった訳だけど、結果的に良かった。こうやって自分の人生の一端を文章で記録する行為が、精神衛生上良いという実感があったからだ。歌詞にするのとは違う。記憶を丁寧に取り出して実体験を詳細に書いていると、「なんだ、俺って意外と面白い人生歩んでるじゃん」というポジティブな感情が芽生える。紅白出演からのその後の人生転落だって文章になったから少し報われた部分もある。反省も後悔も怒りも悲しみも少しファニーになった気がする。ファニーにするな！　一生笑うな！みたいな人もいるだろうが、そんな人にも是非読んでほしいエッセイになったと思っている。7万字も書くのは大変だったし、編集の方が鬼ストイックだったので、正直逃げ出しそうになったことも多々あった（すみません）。あと締め切りに間に合わなくて昔TV Bros.で連載してた記事を加筆修正する荒技も使った（何となくすみません）。

でも今は書いて良かったー！と思ってます。これから自己紹介用にこの本を誰かに差し入れで渡せたりするんだよね。憧れてたんだ、「自己紹介代わりにこれどうぞ」っていうセリフ。

いつか2冊目を書けるように、これからも〝持っている人〟として生きていきたい。ちなみに一番気に入ってるのは「労働過多になったカメラ」です。またオーストラリア行きたい。今度はちゃんと寝たい。

協力＝株式会社ワーナーミュージック・ジャパン
装幀＝松田行正＋杉本聖士
撮影＝中野敬久
校閲＝鷗来堂
編集＝立原亜矢子（株式会社KADOKAWA）

初出＝TV Bros.（東京ニュース通信社）
・p95「バンドマン」＝2019年11月号
・p139「みほ界の1位」＝2019年3月号
・p152「エルモの夏」＝2018年11月号
・p181「風船の部屋」＝2018年3月24日〜4月6日号
※大幅に加筆修正しているものもあります。

川谷絵音（かわたに・えのん）
日本のボーカリスト、ギタリスト、作詞家、作曲家、音楽プロデューサー。1988年、長崎県出身。「indigo la End」「ゲスの極み乙女」「ジェニーハイ」「ichikoro」「礼賛」のバンド5グループを掛け持ちしながら、ソロプロジェクト「独特な人」「美的計画」、休日課長率いるバンドDADARAYのプロデュース、アーティストへの楽曲提供やドラマの劇伴などのプロジェクトを行っている。

持っている人

2025 年 2 月 20 日　第 1 刷発行

著　者　　川谷絵音
発行者　　山下直久
発　行　　株式会社KADOKAWA
〒102-8177　東京都千代田区富士見2-13-3
電話 0570-002-301（ナビダイヤル）
印刷・製本　TOPPAN クロレ株式会社

ISBN978-4-04-115828-9　C0095
JASRAC　出　2410211-401